JN130141

#皮膚の変態「美容家・大野真理子」と考える、キレイと人生

美人はリスク

大野真理子

はじめに

「美人はリスク」とても強い言葉です。

皆さんはこの言葉を見てどう思われましたか。
まさか、表紙のこの女が「美人に生まれて困っちゃう」的に
映ったらどうしようか？ とパニックになりながらも、
たくさんの方に届く理由になればいいとあえて選びました。

日本中の美人を集めたような
東京都キラキラ区ファッション、美容村で
仕事をし続けて45歳になって思うこと。
平凡なビジュアルに生まれて、本当によかった。
本心です。
言葉を付け足すなら、自分のビジュアルを理由に
何かを諦めたりしなくてよかった、と思います。
生きていると自分はまるで蚊帳《かや》の外のような
キラキラした世界が見えるときがあります。
それでも自分を諦めなければ
大人になるほどに人生は楽しくなる。
「あぁ、私に生まれてよかったかも」
この本を読み終える頃、
そんなふうに思っていただけるように書きました。

誰もが振り向くそこの美人さんには申し訳ないけれど、
はっきり言って「美人はリスク」。

「美人はリスク」その理由

生まれつき美人は、人生勝ち組。
昔はそう思っていました。
でも大人になればなるほど、そうではないのです。
人が心から惹《ひ》かれる豊かな美しさ、
キレイのその先にあるものとは？

「美しい容姿は、ときに邪魔である」

大学生の頃

若い頃は、コンプレックスだらけでした

自分の容姿にコンプレックスを抱く時間がいかに無駄かと伝えたくて、あえてこの言葉「美人はリスク」を本書のタイトルに選びました。

ここで改めて私の自己紹介をすると、アパレルと美容の会社を経営しながら〝皮膚の変態〟として活動させていただいている大野真理子です。ありがたいことに、美容家としても雑誌『美的』をはじめ、さまざまな媒体に呼んでいただき、誌面やインスタライブ、イベントなどで、〝皮膚の変態〟ぶりとコスメ愛を日々発信しています。

振り返ると、私は幼い頃からなぜか美しい女がとても好きで、ほかの子が男の子のアイドルを推しているように、周りの美女をウォッチングしてきました。ちなみに幼馴染《おさななじみ》は高校生の頃、グラビアアイドルになるほどの美女です。美女が好きすぎて、モデルオタクでもありました。学生時代はスーパーモデルブームでもあったのでＷＯＷＯＷでパリコレを見るために学校をサボったことも(笑)。『ＣａｎＣａｍ』や『Ｏｇｇｉ』などのファッション誌も穴があくほど読んでいました。

大学を卒業し、家業のアパレル会社を継いでからは、東京都キラキラ区でモデルや読者モデル、洗練された業界人を見ながら生きてきました。当時から観察癖がかなりありましたから、そんなキラキラの美女たちをめちゃくちゃ見てきました。そして私は当たり前に自分の容姿にコンプレックスを抱きながら、がむしゃらに仕事をしてきた青春時代だったと思います。ごく平凡なビジュアルに生まれた自分と、選ばれた容姿をもっている人とのギャップを目のあたりにし、「いいよな、幸せで」…そんなふうに捉えることも多かったです。

はっきり言って、モテなかった。

〝美貌〞という目減りする能力

20代の私は常に会社の売上のことばかり考えてきたし、仕事づけの人生でした。時はたち、45歳の今、まだ若いみなさんに伝えたいことがあります。

『美しい容姿は、ときに邪魔である』、ということ。

確かにたくさんの人に声をかけられ、美味《おい》しいご飯をご馳走《ちそう》になり、プレゼントをもらったりするかもしれない。どんな服を着ても似合うし、たくさんのチャンスに出合えるかもしれない。

でもすべて逆の発想で説明できるのです。

だいたいキレイな女にガンガン声をかけてくる男は、勘違いオトコなケースが多い（主観です）。もちろんそうでない人もいますが、数多い球《たま》の中からベストチョイスするのはなかなか難しいものです。そしてラクして報酬を得ることだけを覚えると、〝美貌〞という目減りする能力がすり減ったときに、手元に何の才能も残らないペラペラなおばさんができあがる。それってとてもリスクだと思いませんか？　美女たちがキャハハとビキニ姿で遊んでいるとき、自分を卑下してメソメソしている暇があったら、「分厚い人になれ！」と私は言いたい。

人としての資産形成をしよう

今思うと、若いうちにいかに目減りしない資産を身につけるかが、のちの人生の豊かさを大きく左右します。その資産形成の大きな邪魔をするのが、周りの美女たちの人生を羨んだり、自分は普通だからと言い訳して逃げること。

ちなみに私は、若いときには仕事と美容しかしてこなかったから、もっと本を読めばよかった、趣味を増やせばよかった、海外に行って勉強をすればよかった、と今になってとてつもなく後悔しています。だから皆さんには後悔してほしくない。歳を重ね30代半ばになると、一緒に仕事の話ができる人、ときとして頼りになる人、人脈がある人がモテるウェーブが必ず来ます。そのタイミングまで、両手いっぱいにあなただけの武器を備えてください。

時間はあるようで、ない。美人はリスクだ、いざ立ち上がれ！

メソメソしてる
暇なんてナイヨ

「女としての資産形成」

体当たりで失敗ばかりしていた

〝美貌〟という目減りする能力ではなく、人としての幅をいかに広げるかが、のちの人生の豊かさを大きく左右するとお伝えしましたが、もちろんそれは今だから言えること。20代の頃は日々必死でした。

私は20代から家業のアパレル会社の仕事をしていたのですが、自分で新しく立ち上げたブランドのようなものだったので、何ももたないで体当たりでぶつかっては倒れ、また攻めに行く、の繰り返しでした。雑誌に広告を打ちたくてもやり方がわからないから直接編集部に電話をしたり、今思えば無謀なこともたくさんしていました。当時は通販がメインだったので、百貨店でときどきポップアップで出店させていただいていたのですが、それを繰り返していたら常設店の声がかかるのかなと思っていたけれど、世間はそんなに甘くない。そんなこともわからずポップアップ芸人のままで…。

「これじゃいかん」と思って青山に事務所を借り、商談をし、本当に一歩一歩進んでいった感じです。しかも全部やってみてから、こうしなければいけなかったんだとあとから知るという効率の悪さといったら。親がやっていたアパレル会社とはまた違うことをしたかったので、誰も方法を教えてくれなかった。でも今思うとこれもいい経験で、ひとつのネタとして笑い話にできるまでになりました。

唯一の息抜きが美容でした

当時は仕事が面白くて仕方なかったのもあって、朝起きたらまずパソコンを立ち上げて売上をチェックしたりと、仕事が人生の大半を占めていました。アパレルが仕事なので、プライベートで洋服を見に行っても「うちの商品にはこの製法が必要だ」とか仕事のことばかり考えてしまう。だから、何も考えずにただ〝好き〟という気持ちだけで没頭できたのが美容でした。エステに行ったりコスメにお金をつぎ込んだり、そして若かったけれど夜遊びはしていなかったから、お風呂は毎日2時間コース（笑）。むくむことへの強迫観念も謎に強くて、ちょっと食べたり飲んだりしたら半身浴して汗をかかなきゃと思っていました。お湯に浸《つ》かるのが異様に好きだったのもあります（笑）。そんな私が今、こうして美容のお仕事もさせていただけているなんて、人生何が起こるかわかりません。

一度きりの人生、己の力でたたき上げよう

そんなこんなで大人になり、私はたまたま仕事に夢中だったけれど、たくさんの失敗を重ねたぶんいくつかの武器も持ち合わせることができ、それが少なからず世界を広げてくれたように思います。具体的に言うならば、私は売上について永遠にトークできる（笑）。ビジネスの話も大好き。気づけば周りに面白い人たちがたくさんいて、昔よりはるかに楽しく心地よく生きられているなと感じます。

この本のタイトルである「美人はリスク」の話に少し戻るけれど、歳を重ねると美人のその先に何かを求められる時代が必ず来ます。美人であろうとなかろうと、40歳を超えたときに何が残っているかが勝負。若いときは〝しゃべるよりもビジ

ュが強い人が圧倒的優勝〟みたいな世界もあって私自身悲しい思いもしたし、人生はそうやって進んでいくものだと思っていたけれど、そうでもなかった。

壁にぶつかりながら、自分で人生をたたき上げてこられてよかったと思うし、もし「キレイだね、かわいいね」と言われ続けてふわ〜っと生きてきた人生だったら、空っぽの大人になっていたかもしれない。

もしあなたが「私は普通だし…」というところでモヤモヤしているのであれば、自分の理想像に対してどの道が最短距離か、言い訳なしに考えてみてほしい。そして、その道を突き進んでほしい。

今の苦しい経験も、ただ目の前のことに必死な毎日も、時がたてば必ずそれがあなたの資産となって、豊かな女にしてくれるから。

INDEX

美容家
大野真理子が
できあがるまで

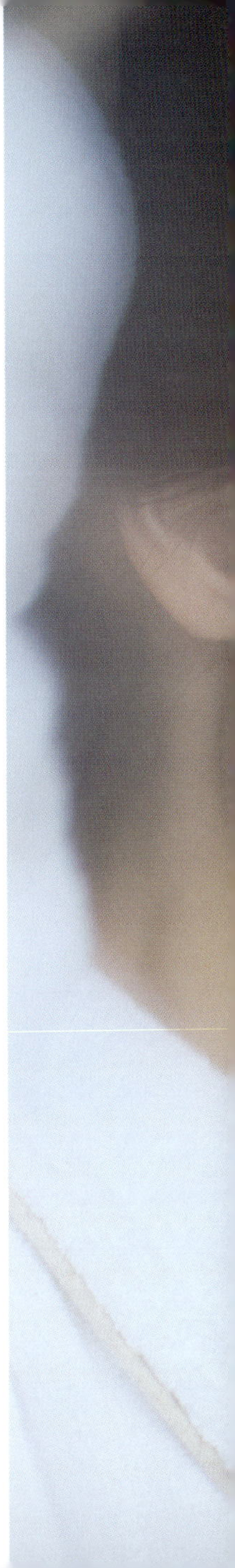

幼い頃から美容が好きで、美容が心の支えで、
美容にときめいて、美容に助けられてきた私の人生。
気づけば#皮膚の変態 となっていた私の
今までとこれからのこと。

「＃皮膚の変態　ができあがるまで」前編

目覚めたのは、小学校6年生のとき

振り返ると、私の美容人生のスタートはやはり母の影響が大きかったなと思います。母も美容が大好きで。また当時はセンセーショナルな化粧品のCMも多かった。例えば、化粧水のボトルが強いインパクトとともに登場した「雪肌精」のCM。私は当時小学生でしたが、子供なりに「おおぉぉぉ！」と思うわけです。そして母が使っているものをバレないようにちびちび拝借。4つ上の姉もいたので、私が小学6年生の頃、姉は中学3年生。「ハウスオブローゼ」や「うぐいすの粉」など、姉が使っているものも当然黙って拝借(笑)。自分ではまだ買えなくても、こっそり使えるスキンケアが豊富にある環境で育ちました。とにかく母や姉の真似をしたかったし、スキンケアをしている自分が好きだった(笑)。だから私のスキンケア歴は相当長いです。自分のお小遣いで買うようになったのは中学生になってから。学校が厳しかったのでメイクはできなかったけれど、「肌水」や「ヘチマコロン」の化粧水を使っていましたね。姉が購入していた雑誌も読んでいたので、情報もしっかり仕入れていました。高校時代も含め当時はSNSもなかったので、穴があくほど雑誌をチェック。そこで美容全般にハマり、高校生の頃は「ヘア&メイクさんになりたい」という夢をもつように。ところが、どコンサバな両親に「とりあえず大学に行きなさい」と説得され、「将来は美容の仕事に就きたいな…」と思いながらも進学しました。

大学生になった真理子、さらに覚醒する

18年間厳しい親と厳しい学校のもとで育ち、大学生になり晴れてひとり暮らしがスタート。それはそれはもう、自由を謳歌《おうか》するわけです。ずっとお風呂に入り浸っていましたね。キレイになりたい欲も強くて、今思うと嘘でしょというくらい半身浴ばかりしていました。スキンケアは、「アルビオン」や「SK-II」などデパコスに手を出しはじめました。この時期が狙い目とばかりにクリスマスコ

フレも買っていましたね。当時はアパレルでアルバイトをしていたので、服も買わなきゃいけなかったけれど少し割引で安く買えたので、バイト代の8割くらいは美容にぶっ込んでいたと思います。若いので正直、肌応えみたいなものはそこまでないんですけど、「一回使ってみたい」「アルビオンを使って乳液先行ケアしている自分ってよくない？」そんなところもありました。肌がキレイだねって褒められることも何よりうれしかった。

社会人になり、とんでもなく肌があれて大パニック！

大学を卒業し、家業のアパレル会社でブランドを立ち上げてからというもの、ストレスで顔周りにバーッとニキビができるように。若いときからニキビの経験や知識があれば違ったのでしょうけど、今まで肌あれなんて起こしたことがないものだから、「なんじゃこりゃー！」と大パニック。こんなにスキンケアに時間もお金もかけているのにどうして、と泣きたい気持ちでした。そこから美容皮膚科やエステに行くようになり、あれこれ試した中では、ビタミンCのイオン導入でニキビが良くなった実感があったんですよね。今もビタミンCは大好きなんですけど、出合いのきっかけはそこでした。ただ20代はニキビとずっとお友達な感じで、肌質自体は悪くないけれど、どこかに必ずニキビはいて、ホルモンバランスの乱れやストレスで出るという感じでした。そんなわけでビタミンCの魅力に開眼しつつもそれだけでは物足りないので(笑)、デパコスもひと通りパトロール。当時の伊勢丹のコスメフロアで、ここは使ったことないかもというブランドはなかったように思います。カウンターに行くことは楽しみのひとつでもあったので、お目当てのものを購入しつつ、美容部員さんに「おすすめベスト3を教えてもらえますか?」と聞くのも定番でした。そうすると店頭には置かれていなくても「意外とうちのアイクリームいいんですよ」なんて出してくれたりして、それも買う、みたいな(笑)。こんな出合いがまた、肌を変えてくれるきっかけになったりするものだから、どんどん楽しい沼にハマっていくわけです。

寝ても覚めても
シートマスク

「＃皮膚の変態 ができあがるまで」後編

30代で結婚&出産。肌管理方法も激変！

前編では私の肌人生の前半をお伝えしましたが、後編は出産以降について綴《つづ》りたいと思います。30歳で結婚、31歳で出産したのですが、産後はすごくドタバタして肌調子が落ち着かなかったですね。体調もあまり良くなくて、腰が痛い、首も肩も痛い、というような日々。初めての育児も私にとっては大変で、自分にかけられる時間も一気に減りました。そこで、あれこれ何品も使っていたスキンケアのライン使いをやめ、「ポーラB.A」の化粧水と乳液に投資して、一球入魂することに。元気よく諭吉様（当時の一万円札）は去っていくけれど、そのぶん効果も素晴らしい。〝私のすべてを受け止めてくれ!!〟みたいな気持ちで使っていましたし、実際に助けられました。

育児に余裕が出てきたら、また変態魂がむくむくと

子供が1~2歳になると私も少しずつ余裕が出てきて、夫に子供を見てもらいゆっくり湯船に浸かる時間がもてるようになりました。血行促進系、アロマ系など、入浴剤を買い溜《だ》めしておいて、ひとりで入浴できるときにここぞとばかりに投入。お風呂は若い頃から大好きで入り浸ってきましたから、至福のご褒美時間でした。

そこからまた数年たち、初めて美容医療にトライしたのが30代半ば頃。確か顔の毛穴を小さくするレーザーフェイシャルだったと思います。ちょうど同世代の友人も少しずつ美容医療をやりはじめていて、顔の産毛を取ると肌の透明感も上がる、というレーザー施術も周りで人気だった気がします。美容医療でキレイになった友人の肌にも触発されていました。コスメやエステから新たな領域に足を踏み入れ、産後しばらく眠っていた皮膚の変態魂も少しずつモチベーションが加速していった時期です。

30代後半、「顔」がますます忙しい

この頃、私のスキンケアはラグジュアリーブランド期に突入し、「クレ・ド・ポー ボーテ」、「コスメデコルテ」の「AQ」、「アルビオン」の「エクシア」などを使っていました。仕事もフルモードで復帰していたので、いろんなストレスのある日常の中でそれこそ癒やしはやっぱり化粧品。少しずつ年齢も重ねているので、若い頃よりスキンケアの効果もより実感できるようになり、お手入れも楽しかったですね。そして美容医療も定期的に取り入れていたので、その影響で今度はドクターズコスメにも手を出しはじめます。ただでさえあれこれ使っているのに、新しく使ってみたいものも多くて、まぁ顔が足りない(笑)。白いボトルにシールが貼ってあるようなクリニック系のものを使ったり、「ゼオスキン」、「リビジョン」、「エンビロン」の御三家も(ちなみにこの御三家、真理子分析で言うと、ゼオは鍛えろ、リビジョンは耕せ、エンビロンはトータルで面倒見るぜ系)。そこそこパンチのあるものも使っていたので、たまに皮がむけることも。かゆくて、人と話しながらも顔をポリポリしちゃってあとで鏡を見たら皮がむけていた、

なんてこともありました(笑)。でも、上手に使えば肌はピカピカになります。と言いつつ、ドクターズ系はアイテムによって匂いやベースメイクを重ねた際にモロモロと出てくるヨレなどのデメリットもあって、最終的にはデパコスとドクターズ系を肌状態に合わせて適宜ミックスするという着地点に落ち着きました。

そもそも、美容ってなんだ!?

そんなこんなで世の中のSNSブームにも乗っかり、インスタグラムでの発信を37~38歳のときに始めるわけですが、私自身を5文字くらいで簡潔に説明するのに何かわかりやすい言葉をつけたいな、と考えていて思いついたのが〝皮膚の変態〟でした。そこで当時はあまりみんなが発信していなかった美容医療について触れたり、購入したコスメのレビューをしたり、インスタライブをしたり、初めは完全に「趣味」でしたが、ありがたいことに皆さんに面白がっていただき(!?)、現在に至ります。

で、改めて今思うのが、キレイになるって何? 美容ってなんだろう、ということ。

この答えは人それぞれ違うと思いますが、私にとっては楽しく生きるためのツール。だから、たまに「そんなに美容を頑張っていて疲れない？」と言われることもありますが、私にとってはこれが好きで気持ちよくて楽しくてやっているだけなので、あれこれ肌管理することも、日焼けしないための格好でときにビジュアルを捨てることもまったく苦ではないんですよね。誰にも押しつけられていないので。
生きていればいろんなことがあるし、「キレイじゃないから幸せになれない」とか、「美容をちゃんと頑張れない自分はダメなんだ」とか、いろんな沼に落ちてしまうこともあると思います。でも迷ったら、美容を人生のどのポジションに置くのかを考えてみてほしい。自分を不機嫌にさせてしまう美容なら、いったんやめてもいいと思います。頑張りすぎずに楽しんでほしい。自分らしくあるための美容を一緒に掴《つか》みに行きましょ！

キミは十分
我が道ね

平凡ビジュアルの美容家が
美人観察を通して考える
“目減りしない”美貌とは？

「ホンモノの美人」論

私自身、自分が生まれつき美人ではないことは
自分でいちばんよくわかっています。
でも美人になりたい気持ちは人一倍強くて、
もはや息をするのと同じくらい
当たり前に美人観察をしてきました。
そこから見えてきた、美人の本当の生き様——。

「美人と仲良くするメリットって？」

キレイな人が俗に言う「何もしていない」の真実とは!?

いつか美容誌の取材で、「キレイのためにしていることは？」という質問に「たっぷり水を飲んでよく寝ること」と答えたい。だけど、んなわけない。とんでもなくいろいろとやっていて、それを声を大にして発信しまくっているのが、私の人生。しかし本当の美人は、努力を努力だと思っていない。だからみんな「何もしていない」と言うのです。……いやいや、めっちゃしてるから!!

今回は、今までたくさんの美しい人を見てきてさまざまな共通点を見つけたので、それを報告したいと思います。まず私にとって身近な美人といえばファッションのモデルをされている方たちなのですが、美人はよく歩く、やたらめったら歩く。脚が長いからスニーカーが似合うし、平気で2駅とか歩いたりする。そして美人が無意識に選ぶメニューはヘルシー。前向きに、サラダから食べる。さらに「いや、ここはデザートとコーヒーでしょ、なんならカフェラテでしょうが」ってタイミングでハーブティーを飲む。しかもゆっくり。あとは、お茶しようって集まってガチで茶だけ飲む（え、デザートとかシェアしないんすか？ってなる笑）。まだまだあります。美人は二択のチョイスを間違えない。魚弁当と唐揚げ弁当なら魚を選び、水とジュースが置いてあったら水を選ぶ。ヘルシーなお菓子と罪深いお菓子があったら、ヘルシーなほうを手に取る。私は本業のアパレルの仕事でモデル撮影にもよく立ち会うのですが、美人は撮影終わりにナチュラルに歩いて家に帰ったりする。「彼とは散歩をするのが趣味」みたいなことを言う人も多い。一方私は、タクシーでパーソナルトレーニングに通い、ジムに行ったら写真を撮り、インスタにダイエットを頑張っている様子を見せびらかす。つまりここが、ナチュラルと非ナチュラルの差なのである（笑）。

ずっとキレイなままで生きていく、という刷り込み

そんな美人の選択やライフスタイルを目のあたりにすると、周りも自然とその

美しさをもり立てていくのです。お弁当にしても「ほら、○○ちゃんは唐揚げより魚だよね」と思い、次回の撮影でもそれを用意する。おやつを買いに行くときも、大豆にきな粉をまぶしてあるものにしよう、とか。念のために用意するコーヒーもカフェインレスに。自然と周りがキレイをサポートするような流れになっていくので、美人のキレイはますます加速していく。モデルがよく言う「私は太らないっていて思い込むことがいちばん大事」も真実で、私はこの逆のパターンを何度も経験したことがある。体調をくずしたことをきっかけにふわっと2〜3キロ痩せたときに、周囲に〝痩せたの！〟と声高に言い、痩せた自分にご褒美をたくさん与え、気づけば元の体重にズルズルと引き戻されていく。これはきっと〝元の体重に戻れ〟と刷り込まれている気がする（言い訳）。でも美人の場合は「私はモデルになるために生まれてきたんだ」みたいな思い込みや刷り込みがあるから、ずっとキレイなままでいられるのかなと思っている。きっと美しくあることが人生の中に空気的に組み込まれているのだと思う。

かくいう私は、美人の生活習慣が空気のように刷り込まれていないから、せっせと努力。例えば私の場合、履きこなせていないスニーカースタイルで人前に出るなんて言語道断なので、日が落ちた頃に人知れず近所をウォーキング。でも〝ながら〟じゃないからめっちゃ努力臭が出る。ほかにも、私は食べ歩きがすごく好きだけれど、美容のお仕事をやらせていただくようになって〝外食〟をかなり減らした。もう体型管理が追いつかず(泣)。インフルエンサーの方と知り合うと、合言葉は「ご飯行こうね」なので外食の機会は無限に増えていくけれど、そこはグッと我慢。そして〝予約が取れない店〟だからって、頑張って行こうとするのもやめた。地味に夕食の量をコントロールし、インスタライブなど夜のお仕事が入っていない日は、炭水化物も限りなく減らしています。

美人と仲良くすると、どうなる…!?

キレイな人と一緒にいたら、もちろん自分と比べてしまう。細い太ももを見せつけられると「なんだか私、ごめんなさいね…」と思ってしまう。ときには妬んでしまうこともあるかもしれません。でもね、そんな気持ちを抱えているよりも、いっそ仲良くなって、彼女たちから学んだ方が間違いなくキレイになれる。美人はいろんなところにアンテナを張って、キレイになるための情報収集も怠らないので、「○○を始めたら、めっちゃ肌の調子いいんだよね」とかそんな会話はしょっちゅう。しかも、人に「キレイのために何をしているの?」と聞かれたときに答えとして出てこないぐらいに、それを当たり前にやっている。そんな環境は自然と自分の美しさも引き上げてくれる。

ちなみに私は疲れて帰ってきたとき、冷蔵庫を開けて呼吸をするようにお菓子を一箱とか食べたりするんですけど、美人はやらないです、それは(笑)。食べるときに楽しく食べるみたいな人が多くて、呼吸と一緒にお菓子は食べない。それに美人は体重の増減が少ない。昨日食べすぎたら、今日はちゃんとサラダ。通りすがっちゃったからと言ってクレープとかを食べない。あとはやたら体が柔らかい人が多い。モデルになるには柔軟性のテストがあるのかな? と思うほど。そして呼吸をするようにストレッチ。こちらは呼吸でチョコですが、あちらは呼吸でストレッチ。

そんなこんなで「ダイエットするぞー」とか「今日はヘルシーだぞー」とか、宣言しなくても〝美容が人生そのもの〟なのがキレイな女なのです。

美人を妬んでも
意味ナシ

「美人観察から学ぶこと」

解き明かせ、美女が美女たる理由を

相変わらず、息するように美人をウォッチしている私です（笑）。昔から本当に異常なくらいキレイな人が好きで、キレイな人を見つけるとすっごく観察しちゃう。というわけで、最近出会った美人についてのお話を。私、サロンやジムなど、ビューティスポットはなるべく凝り固まらずにいろんなところに行くようにしているのですが、ピラティスに関してもまさにそう。インスタでよさそうな先生を見つけたり、友人からおすすめされたらすぐに予約して行くのですが、そこで先日、出会ってしまいました。15年くらい韓国にいて長くピラティスを教えていて、帰国された日本人の先生だったのですが、韓国歴の長さからか、なんだかイントネーションがちょっと韓国語、そして日本語がもはやカタコト（!?）みたいな感じ。私はピラティス中ずっと「かわいいなぁ♡」と思いながらレッスンを受けていました（集中して笑）。彼女は、すっごくキレイですごくエロい、爽やかエロ。終わってから友人に「どうだった？」と聞かれ、思わず「抱きそうになった、2回くらい（笑）」と答えてしまったほど。それくらい魅力的だったという意味ですよ、もちろん。具体的にその先生は、黒髪で色白、ちょっと薄めのお顔だち。ヘアは無造作にまとめたひとつ結びで、完全にすっぴん。手も足もマニキュアとかは塗っていなくて、当然ながらスタイルがめちゃくちゃいい。話すトーンは、ずっと裏声みたいな高めの声。なんなんとかワン↗、なんなんとかツー↗、みたいな、文章だとちょっと説明しにくいのですが（笑）、もうその声が通常バージョンといった感じ。レッスンを受けながら、「私も普段からちょっと高めの声で話してみようかな、すっぴんで色ムラがないってこんなにもキレイに見えるんだ、やっぱりラフにまとめた髪っていいな」と、そんなことばかり考えていました。我ながら、邪念しかない（笑）。で、その先生は笑い方もずるくて（笑）、合いの手でコロコロとよく笑う。うふふふ、とも違ってコロコロコロ。これがまたかわいいんですよね。

美女の素敵ポイントは、必ず自分ごとに

で、私はそんな美人と出会ったら次に何をするか？　その観察の成果を〝自分ごと〟にしていくのです。この遊びがめっちゃ好きで、とてもおすすめ(笑)。素敵だな、かわいいな、と思った理由をちゃんと考えて、少しでも自分に落とし込み、近づけるように頑張る。ただただ美人をボーッと眺めるだけでは終わりません。しかしながら私が「いいなぁ」と思う人って、全方位完璧なキメキメではなく、どこかに抜け感や隙がある、というところもこれまたポイントで。かわいいビジュにハスキーな声だったり、周りからはすごくキラキラして見えるのに普通の悩みを抱えていたり。そんなところにグッときたりします（誰目線？・）。少し話は逸《そ》れてしまいましたが、皆さんも憧れるなぁと思った人の素敵ポイントを自分ごとにする遊び、騙《だま》されたと思ってぜひやってみてください。私は普段からこの鍛錬を積んでいるので(笑)、24時間くらいはだいたい憑依《ひょうい》できます。気づいたらいつもの自分に戻っていることも多々あるけれど、積み重ねが大事だなと思ってやっています。ちなみに番外編ですが、とてもキレイなのにたまに二重あ

ごになる人にもキュンとくる。「またなれ!!」ってこっそり思うし、計算されていないそんな隙がかわいくて、すごく好き♡となります（だから、私、誰?・）。ちなみにこの遊びは、新しく出会った人だけでなく、すでに身近にいる人にも応用がききます。頬はふっくらしているのにフェイスラインはスッキリしているからこの人はキレイなんだなとか、ちょっと低めの声だからこのかわいさが引き立つんだなとか、一見ぽちゃっとして見えるけど、このぽちゃっと感がこの人のかわいさの理由だなとか、〝この人からこれを抜いたらダメだな〟という美女観察のアレンジ編もあります（笑）。

インスタで、推しの世界観を観察して学ぶのもアリ

さらにこの美人観察のいいところは、スマホ片手にインスタを見ながらだってできちゃうこと。ちなみに私の推しはスタイリスト兼ファッションブランド「MARNO」ディレクターの丸林広奈さんと、ファッションブランド「TODAYFUL」ディレクターの吉田怜香さん。勝手にこっそり、インスタを拝見して

いるだけなので完全なる推しなのですが、生まれ変わったらこんな人になってみたいなぁ…と憧れるおふたり。系統は全然違うけれど、おふたりとも自分のこだわりをもっていて、ひとことで言うならばセンスの塊。世界観が統一されていて、ブレないところも素敵。私はいろんなことに影響されやすく、例えば韓国ドラマにハマった日には、すーぐそっちの世界に行っちゃったりしてブレまくるので…(笑)。ブランドをプロデュースするみたいに、お洋服やメイク、ライフスタイルに至るまで自分をプロデュースする力がすごいのかな。ちなみに、先日出会ったピラティスの先生は淡いピンクベージュのウェアを着ていてそれがご本人にめちゃくちゃマッチしていたし、自分のスタイルをもっている人は、きっとコンビニで買うヘアゴムひとつにしても適当には選ばない。そんなところも美人力の一部だと思うのです。

私は今日も
せっせと
背中を磨く

「仕草で得する人、損する人」

美人って、つまり仕草!?

先日、ふと友人に撮られた動画を見てびっくり！　ＹｏｕＴｕｂｅやインスタグラムをしている友人が周りに多く、不意打ちで動画を撮られることが多いのですが（とはいえお互いさまです笑）、「え…！　私って、他人からはこんな感じに見えているんだ…」と思う機会が多く、人の仕草や癖について改めて考えるようになりました。生きていると、自分では気づかない表情の癖、話し方、声のトーンなどいろいろありますよね。もちろんそれはマイナス点になることもあるけれど、加点も十分可能だなと思っていて。笑い方にしてもそう。よく笑う人はもちろん素敵ですが、笑い方がかわいい人ってずっと笑わせていたいなって思っちゃう。何か面白いことしなくちゃって（笑）。私でさえそうだから、男の子はその子の笑顔を見たり笑い声が聞きたくて、いっぱい話をしたりするんだろうなって。

誰にでもある口癖も、前向きなワードを発する人は一緒にいてめちゃ気持ちがいい。「大丈夫♡」「頑張ろう」、そんな口癖っていいなぁと思います。あとは姿勢も大事。オフィスにいて（本業はアパレル会社です）、ふと周りを見たときに姿勢がやたらいい人は信頼できるし、仕事をお願いしたいなと思います。きっと精神が安定しているんだろうなぁと。あとは声がかわいい人っていますよね。例えば友人のともさかりえさんは、私も含め周りがガチャガチャと喋っていてもずっとウィスパーボイス。周りがうるさくても、同じように（もしくは負けじと）声を張ったりしません。となるとこちらは、耳を澄まして聞くわけです。あぁ、私も聞き入られるような人になりたい（笑）。

手と背中という盲点

話しているときによく動く〝手〟も仕草のひとつ。だから美しい手の人にもハッとします。私の会社のＰＲスタッフがそうなんですが、手がめちゃくちゃキレイ。それってちょっとした行動ひとつひとつに女らしさや可憐《かれん》さがプラスされるんだな、と見ていていつも思うので、ハンドケアも頑張りどころです。意外なところでは、〝背中〟もその人自身を語るもの。自分では見えないのでめちゃくちゃ油断しがちですが。ちょうど私の会社でヘアケアアイテムを発売したタイミングで、「いつか使えるかも」とオフィスのスタッフが気をきかせて後ろから私の髪の動画を撮ってくれたのですが、それを見てびっくり。髪がどうとかの話ではなく、背中がおばさん（！）。それをまざまざと実感し、私はこういうぴったりとした白のリブニットを着ちゃいけない、もし着るならネイビーか黒にしなきゃだめだなと。そもそもトレーニングで鍛えなくちゃいけないのはさておき、勉強になりました（笑）。そんなわけで、いろんな記念に動画を撮ってみることは大事。気づいていなかった自分のいいところも見つかるかもしれません。

佇まいの盛り方

ほかにも努力で美人加点できるところといえば、メイク。だから大事な予定があるときはちゃんと時間をかけてメイクします。本業のアパレル会社でオフィスワークの日は、自分でやるとだいたい20分、気合い入れて早く仕上げると13分みたいなメイクですが、雑誌の撮影現場でプロの方にメイクしていただくと、だいたい1時間くらい丁寧にしてくれます。なるほど、ここがやっぱり大きな差なんだなと思って、大事な予定の日はプロのメイクさんみたいに細かいディテールに気を配り、アイラインはどのくらい入れるのか、目のインサイドラインを引くのか引かないのか、アイシャドウとリップのバランスは合っているのか、みたいなことを考えながらメイクしていきます。でもキメの顔って急にはつくれないから、ちょこちょこ練習が必要。それに私の経験上、急に気合いを入れるとだいたい失敗する。仕草も同じで、急に美しくはなれないもの。話し方や笑い方、ちょっとした癖など日々自分で客観視していきたいなと思います。さらに、意識して佇まいを盛りたい日、私はデコルテを出すことが多いです。そのときのために顔と同じように普段からデコルテも皮膚管理していて、レフ板代わりになるように。

〝自分は自分で照らせ〟がモットーです(笑)。

「姿勢こそが美人オーラをつくる」

偶然通りすがった、60代のご婦人をふたりで二度見

先日、お友達と韓国へ遊びに行ったときのこと。漢南洞《ハンナムドン》にある人気のファッションブランド「RECTO《レクト》」でお買い物をしていたら、ハッと二度見するくらいの美人に出会ったんです。それはそれは、思わずじーっと見てしまうほど。服装はボーダーのカットソーにスラックス、スニーカーといったラフな感じ。そのとき私は藤子（インフルエンサーの藤井明子さん）と一緒にいたのですが、ふたりして「あの方、めっちゃ気になる！ ちなみに彼女が持っているあの紙袋のお店はどこだろう、きっと素敵なお店に違いない」ということで、話しかけて教えてもらったというエピソードがありました。ファッションの趣味が違う私たちが「素敵！ あの洗練された佇まいはなんだろう」と共感したあのご婦人、今でも頭から離れません。歳はきっと60代くらい。ハイブランドで着飾るといったラグジュ

アリーな装いではなく、取り立ててヘア&メイクが華やかということでもなかった。でも、とてつもなく惹かれるものがあったんですよね。「私、こうなりたい」という理想像を見つけた気がしました。

そこから、体のほぐし美容にどハマり!

私は何をもってあのご婦人を素敵と思ったのか。もちろんファッションも素敵だったのだけれど。ずーっと考えて自分の中で出た結論が、〝姿勢〟。で、わかりやすくすぐ感化される私は、帰国後すぐに姿勢を正す美容に目覚めました(笑)。大人のキレイに必要なのは、何よりも正しい姿勢なのではないかと。具体的に言うならば、体幹がしっかりしていて、骨や筋肉があるべき位置にある状態。ちなみに今の私は、スマホを持つ左手から左肩まで前に出て、首も前に出たラク～な姿勢になりがち。しかし、これじゃいかん!(笑)。そこでいろんな整体に行って気づいたのが、太ももやふくらはぎをゴリゴリほぐすと、正しい姿勢が自然と保てるなということ。というわけで、ソッコー〝ほぐしグッズ〟をAmazonでポチポチ。膝上のお肉や、太もも全周、膝下の表側とふくらはぎ、お尻や腰回りなんかをイボイボのついた麺棒みたいなものでほぐしているのですが、これがまぁ、しっかり痛い(笑)。うっかりすると、場所によっては超痛い。でも凝り固まっている部分がほぐれると、不思議と骨盤がシャンとして胸が開き、あごが引けて正しい姿勢が取れるんですよね。やっぱり体って、全部がつながっているから。おまけにほぐしをやるとむくみが取れて、顔のリフトアップにもいい。美容ってつい与えることばかり考えがちだけれど、本来の姿勢に戻す、この原点回帰こそ意外とキレイの近道なんじゃないか、ということに気づいてしまいました。

現役か、引退か。え、なんの話!?(笑)

今45歳なのですが、無事に60代になったとしたら、どんな感じなんだろうってときどき思うんです。しっかり歳を重ねると「現役か引退か」みたいな美意識ってありませんか? 言葉を選ばずに言うと「抱かれるか、抱かれないか」みたいな世界線(笑)。これはあくまでもたとえですよ! 美容もおしゃれも頑張って若い子に負けないんだから、というメンタルが前者。でも、私が目指したいところは、現役でも引退でもなくて。いったいどこなんだろう、とぼんやり考えていたところに韓国で一筋の光を見つけた、というお話でした。姿勢がもたらす素敵なオーラって、想像以上に最強なのかもしれません。

さ！　今日も凛《りん》とした姿勢を目指してほぐしに励みます。痛いけど、マジで結果出る。

皆さんも騙されたと思って、一度やってみてほしい。ちなみにコスパも、めちゃいいです。

まだ引退
しません（笑）

知識や努力は裏切らない！
果てなき美容沼の先に何がある？

「幸せになる美容」論

美容ってはっきり言ってキリがない。
求めれば求めるほどその先があるし、美しさにゴールがない。
ではなんのために美容をするかって、幸せになるため。
誰かと比べるのではなく、自分を満たして
幸せになることが美容の本質だと思うのです。

MAGIC
CREAM IS
MAGIC SKIN
LA MER
THE MOISTURIZING FRESH CREAM
AURA MERCIER
NÉROLI DU SUD
SERUM BODY CREAM
CRÈME SÉRUM
POUR LE CORPS
LAURA MERCIER
AROMATIC
BATH & BODY OIL
HUILE POUR LE BAIN
ET LE CORPS
WOODLAND WINDS
BAUM

「フェイスラインを死守せよ！」

ピンチ！ イベント前なのに、仕上げる時間がない…

2024年2月に1冊目の書籍『「皮膚の変態」が本気で選んだ270品悩みに「効く」コスメ』（講談社）を出させていただいたのですが、それにともない〝お渡し会〟のイベントがありました。しかしこのビッグイベント前、スケジュール的にとてつもなく忙しく…。仕事をして、子供のあれこれをしていたら、気づけば美容院やエステに行く時間がない（！）。これは緊急事態です。なぜなら、イベントって頭のてっぺんから足先まで、なめるように見られるから（ありがたいこと！）。そんな中、DMが届きます。「真理子さまに会えるのを楽しみに、今ダイエットを頑張っています」「お渡し会、本当に楽しみにしていて、今から美容院行ってきます♡」。時間を割いて会いに来てくれる方がこんなにしてくださっているのに、「この勝負、私が降りるわけにいかない…!!」。そう思いましたね、本当に（笑）。それに、時間がないなりに隙間時間はあるわけです。諦めたらそこで終わり、家の中でできることは全部やろうと思いました。イボイボのマッサージグッズで体をほぐしたり、コロコロしたり、首のシワが少しでも浅くなるよう入念にスキンケアしたり、〝皮膚の変態〟として今まで培ってきた知識も大集結。マンションの裏階段だって必死で上り下り（笑）。そんな日々の中で「お、これは!!」というものを見つけたのです。

その手があったか！　口の中からのマッサージ

自宅でできることをあれこれ試す中で、いちばん即効性を感じたのが口の中からのマッサージ。その名の通り、口の中からぐりぐりと顔の筋肉をほぐすわけです。凝り固まっている何かをはがす、みたいな気持ちで。口の中から触れることができる顔の筋肉をまんべんなくほぐすのですが、優しくしたとて、まぁまぁ痛い。普段いろんな我慢をしている人は、顔のエラ部分とかすご～く凝ってますから。かくいう私も、寝ている間の歯の食いしばりがすごくて、顔凝り族（笑）。でもこのマッサージをしたあとは、凝りやむくみが取れてフェイスラインがシュッ。ほうれい線もふっくらするし、顔周りのもたっとした感じがスッキリする体感があります。時間は、湯船に浸かりながら水素パックをしている間なのでだいたい15分くらいでしょうか。5〜10分でも十分。ちなみに私は〝ストレッチオーラル〟というグッズを使いましたが、離乳食用の柔らかい赤ちゃん用スプーンでもいいし、歯ブラシの柄でもいい。爪が長くない人は指でもできます（すべて自己責任でお願いします）。とにかく皆さんやってみてほしい〜！　私はこのマッサージのおかげで、なんとかイベントに立つことができました。

美人は、風呂にスマホを持ち込まない説

このときはイベントまで時間がなかったので、湯船に浸かり、水素パックをしながら口の中をマッサージしていたわけですが、私がそれまで半身浴中にしていたことといえば、スマホを見ること。韓国アイドルグループ、ａｅｓｐａ《エスパ》のＰＶを見ながら、「ウィンターちゃん、ウエスト細っ！」と愛《め》でていました。これを

見ていたら自分のウエストも細くなるんじゃないか？　という刷り込みで、〃もうちょっと汗が出るまで我慢しよう〃と思っていたけれど、他人のウエストの細さを確認するよりもやるべきことがあったという話（笑）。そこで思ったのですが、おそらく美人は風呂の中でスマホを見ていない。もっと前向きにあれこれ行動に起こして、キレイに差をつけているはずです。しかもそれを当たり前のルーティンとして。

美人からもらう、美意識という刺激

思い返せば美人のルーティンって本当に恐ろしいもので（笑）、私もときどきびっくりします。例えば最近撮影で会ったとあるインフルエンサーの友人が、あまりにキレイだったので「普段何してるの？」と聞いたら、「週6ジムに行っている」と。これにはさすがに「お母さん、それはちょっと無理かも」と思いましたが、言い訳してばかりもいられません。こちらは頑張ってジムは週2ですが、そのぶんオフィスやマンションの裏階段の上り下りをせねば。また別の友人はお酒が好きですごく飲むのですが、ずっとスタイルがよくて。彼女の場合、食事の最初は必ずサラダ。家族ぐるみで仲がいいので一緒にハワイに行ったこともあるのですが、海外だろうがまずサラダ。絶対にシャキシャキしてから肉に行く、みたいな。私が「ねぇあご、疲れない？」なんて言おうものなら、「その発想がデブ」とバッサリ(笑)。でも彼女は、ずっと体型を維持していてちゃんと結果を出しているんです。私はその旅で学びました、「血糖値を急に上げないベジファーストは大切だ」と。とにかく習慣って本当に大事。私は今回、イベント前のギリギリ美容で身をもって痛感しました。やっぱりコツコツ美容に勝るものはありません。生きていると、知らず知らずのうちにいろんなものが溜まったりするわけで、自分を調整するメソッドはあればあるほどいい。

しかもそれが、努力や頑張る、の枠を超えてルーティンになれば最強。キレイに大どんでん返しなんてものは存在しなくて、習慣こそ真の美しさをつくる。自戒を込めて、改めてそう思うのです。

「違和感のないエイジング」

糸リフトorマッサージ論争

〝肌のたるみ〟といえば永遠の課題なのですが、その対策として「糸リフトorマッサージ論争」が、このところ盛り上がりを見せているので(私の中で笑)、今回はそれについて語りたいと思います。ちなみに糸リフトとは、顔の中に糸を入れて引き上げ、たるみをリフトアップさせる美容医療の施術のひとつです。私が顔に糸を入れたのが、確か2年くらい前。それはもう、わかりやすくキュッと引き上がるので最初の1か月がまずハッピー♡ 友達に会うたび「え、すごいよ。上がっているよ」などと褒められ、やってよかったと思う施術のひとつです。ちなみにこの糸リフト、私が入れたのは溶ける糸なのですが、即時的にたるみが引き上がるのはもちろん、糸の刺激によってコラーゲンやエラスチンの生成が促されて二度オイシイというメリットも。ただ、その名の通り溶ける糸なので、効果がずっと続くわけではなく、時間がたつと体内に吸収されていきます。私も糸を入れてから2年たち、そろそろ溶けてきたタイミングかなと。で、最近マッサージにハマっているというわけなのです。なぜなら、糸を入れているときは、下手にグイグイお顔周りを刺激するのがあんまりよろしくない。晴れて今、マッサージ解禁！ということで、自分でやるのはもちろん、いろんな美容スポットに行ってはゴリゴリほぐしてもらっています。マッサージってやっぱりスッキリして気持ちいいし、私みたいに寝ている間に食いしばりをしていたり、顔も頭も凝っているタイプにはすごく向いていて、ほぐれるわ、瞬時にピッと引き上がるわでいいことずくめ。でも時間がたてばまた元通りになることもあるわけで、再び糸で引っ張り上げたいなと思ったり、かといってマッサージの選択肢も捨てられないしで、心は揺れ動いています（もちろん、スキンケアでしっかりたるみ対策をするのは大前提♡）。

娘の成長過程と、自分の老化過程を目のあたりにして思うこと

と、ここで急に娘の話になりますが（笑）、中学生の娘は当然ながら〝若さ〟

そのもの。パンとしていて、ムチムチとはまた違うみちみち感。毛穴なんて見えないし、お肌は羨ましいくらいすべすべ。まさに〝ザ・生命力〟。「すごいね～」と言うと嫌がられるので、もちろん黙って見ているんですけど(笑)。ちなみにお尻も、「あ～、その位置にあるんだ」みたいな。親子なので体型はそこまで私と変わらないのに、こうも違うのか(!)と痛感します。なんというか、歴然とした〝細胞力の違い〟。そんなふうに毎日まざまざと見ていると、「加齢に抵抗して、無理をするのはやめよう。イタい、イタくないとかそういう問題ではなく、年齢に応じた美しさがあるのかもしれない」と思ったりします。だって、娘になりたいわけではないのだから(そりゃそう)。しかしながら一方で、努力や知識を駆使して自分なりに善処しなければ、とも思います。娘は生きているだけでみちみちしているのに、私ときたら年々むくみがひどくなったり、リカバリー力の衰えを感じたり……。ここで「間もなく40代後半だし、こんなものよね」と思って諦めるのは簡単。でもせっかく美容ばかりやっているのだから、私が皆さんの実験台となりたいなと。例えばむくみ対策なら、飲み物をすべて温かいものに変えてみたらどうなるのかとか、最近夜になるべく歩くようにしているのですが、夜に代謝を上げることに意味があるのかなど、日々模索しています。何も加齢ばかりが原因だけではないはずだし、経験を重ねたからこそあれこれ思考を巡らせることができるはず。

気をつけたいのは、違和感

そもそも、私の中で根本としてあるのが、美しくエイジングしたいという気持ち。つまり、違和感のないエイジングです。それは〝静〟の美しさよりも〝動〟の美しさにこだわるということ。なぜなら、「あの人めっちゃキレイ、かわいい！」と心から思う瞬間って、キメキメの静の写真よりも、動いている仕草の中のふとした表情だったりしませんか？　それに静の美しさを求めてあれこれ美容医療を頑張りすぎると、動いたときに「ん？」という違和感があったりするなと思って。もちろん、美容医療を否定しているわけではなく、むしろ推奨派ですが、何事もバランスが大事。美しさを目指すうえで違和感はないほうがいいと思うのです。

自分を客観的に見ながら無理なく、でも努力は重ね続けていく。もちろん新しい情報を取り入れて賢い選択をすることも大切。

は〜、美容ってつくづく、果てしなき沼です。でも知識や努力は絶対に裏切らない沼だから、心から楽しむことを最優先に前進あるのみ！♡

美容沼に
溺れたい

「ルーティン見直しのすすめ」

むくみに効く、〝脱カフェイン〟の効能

はっきり言って自慢したい。2024年の夏、私は〝脱カフェイン〟に成功した。一日5杯くらい飲んでいたアイスコーヒーやカフェラテ。もはや依存に近かったと思う。夕飯をほぼサラダにしてみたり食事制限をしまくっても、減らない体重にストレスを抱えていた頃、ひょんなことがきっかけでカフェインを断つことになったのです。体調不良のタイミングとも重なって、すんなりと体も受け入れてくれて。そしたら体調にも体形にも驚きの変化が訪れたの。やっほーい。まず圧倒的にむくまない。カフェインによる血管収縮がないからか甘いものが減ったのか、理由は定かではないけれど体重が1キロ近くするっと減った。特に腰回りの浮き輪のような肉がすっきりと。そして一日に何度も開催されていたおやつタイム。なんとなーくアイスコーヒーを入れオーツミルクを入れ、ぽいぽいとノーカウントでチョコレー

トをほおばるご褒美タイムがなくなった。甘いものを食べるときもあるけれど、水かハーブティーと一緒に。そう。私は食後にハーブティーを飲む女になったのです。よくレストランのコースの最後にお飲み物をどうされますか？ と聞かれ、「あ、ハーブティーを」と答える人を見ると、「え？ 意識たっか」と思い、なんだか心底では友達になれない気がしていた（笑）。そのくらい私にとってコーヒーは大切なものでした。それでもスターバックスを見るとなんだかカフェラテが飲みたい気がして、「このカフェインレス生活も短く終わるのかしら」と思っていたある日。友人とお茶をするために抹茶のカフェへ。コーヒーは避けていたけれど、緑茶は時々飲んでいたからまぁいいか…とアイス抹茶をオーダーし、半分くらい飲み終えた頃、強烈な吐き気を催して、危うく午後の仕事を全部キャンセルしそうに…。水出し抹茶は予想より濃かったみたいで、胃に負担がかかったみたいです。大量の水を飲んで乗り越えたけれど、それがきっかけでカフェインをたくさん摂《と》ることが少し怖くもなりました。あともうひとつの変化は冷えがなくなったこと。もともと夏場でもどこに行っても寒くて寒くて仕方がなくて、お腹《なか》を壊すことも多かった私。体を冷やすカフェインをやめたことと、氷入りの飲み物を飲む回数が減ったことで冷えない女に。

〝脱カフェイン〟をきっかけに、食生活にも変化が？

そうこうしているとき、あることにトライするように。それは食べる量を増やすこと。夏は、日焼けしたくないばかりに日中の運動量が著しく減り、ジムで気休めに1時間運動しても痩せることもなく、ひたすらに食事量が減っていた私。会食や友人との食事会もあるため、自宅ではほぼサラダ。美容の次に食べることが趣味の私としては、「今後こんな感じの食生活が一生続くのかしら？」と憂鬱に思っていたのです。むくみにくい体を手に入れたタイミングで夕飯もなるべく家族と同じものを食べることを再開。その代わり、夜お散歩に行ってみたり、土日はなるべくスニーカーでお出かけし、いろんなところを歩くように。

ちなみに夫は車を停める時、駐車場から目的地まで10分くらい歩くことになると、「ごめん」と謝るのが習慣でした。「ヒールで足は痛くないか？ 紫外線は大丈夫か？」…そんなとき、私の美容人生は家族との時間やさまざまなことを犠牲にしていたと改めて気づくのです。

変化は、スニーカーを履いてアート巡りにまで

スニーカーというのは足に羽をつけているみたい。ぎゅっと足を包んでくれてどこまでも行ける気がするのです。インスタライブでフォロワーさんに聞いてみたら、どうやらニューバランスが歩きやすいらしい。イケてるニューバランスがどこで購入できるか知らないけれど、検索して早速手に入れてみたいと思う。食べる量を増やしてスニーカーを履くようになった私。夫の趣味の美術館巡りにたくさん付き合い、アートのうんちくを語るミセスになる準備を始めようと思うのです(笑)。それでもアートの世界は奥が深すぎて、真剣なのかふざけているのか今のところわからないことが多く、そんな面白話をまた皆さんに伝えたい気持ちです。

ところで、やっぱり食べる量を増やしたら体重はきっちり戻りました。残念だけどなんだかうれしくて、おいしいお店の開拓をまた始めてみようかしらと思っています。私の趣味はやっぱりアートより食べ歩きだな(笑)。

なんだか美容にメリハリがなくなったら、ルーティンの見直しがおすすめ。習慣を変えてみることで新しい自分に出会えるかも!?

「流行に乗るか乗らないか問題」

Y2Kブームが到来

YouTubeでOKメイクとNGメイクを撮影したことがあるのですが、私の中のNGメイクといえば若かりし頃にやっていた濃い～メイク。でも時代は今、Y2K（Year2000の略称）メイクが流行《はや》っているというではないですか。あの2000年前後に一世を風靡《ふうび》した盛りメイクのトレンドですね。ファッションにしても、お腹が見えるトップスだったり、昔SPEEDがはいていたみたいなダボッとしたパンツがきているし、バッグにじゃらじゃらとチャームをつけたり、時代は回っていますよね。ただ私みたいなコンサバ族には取り入れ方がちょっと難しく、洋服は少しだけ丈の短いトップスを取り入れるくらいにしてふわ～っと見流していたのですが、さてメイクはどうしよう？　コンサバファッションにY2Kメイクを施したら、バブルの申し子再来、みたいな感じになっちゃわないかしら…。だって私のリアルY2K時代といえば、グレーのアイシャドウにアイラインはしっかり黒で囲んでマスカラは上下ばちばち、みたいなメイク。と、そんな話をヘア&メイクさんとしていたら、「今のアイシャドウは本当に粉質がいいですし、同じようにメイクしても仕上がりは違うんじゃないですか?」と言われ、なるほどな~と目からウロコ。意外とY2Kメイク、もしやイケちゃうのかな? 私。

青春の甘酸っぱい思い出と復帰戦への挑み方

いや、待て待て。シワとのご相談を忘れていました(笑)。昔はハリのあるお肌だったから濃いメイクでもシワに入り込まず、時間がたってもくずれたりしなかったけれど、今はそれがちょっと恐怖。う~ん、まずはラメから始めてみようかな。ここ1~2年ずっとマット系シャドウを使い続けてきたので、それだけでも違うはず! と、懐かしメイク復帰戦への作戦を立てている今日この頃です。思えば当時は髪型もすごかった。巻いて巻いて、高さも盛って、今思うととんでもない（笑）。でも昔はスキンケアよりもヘア&メイクのほうが好きだったんですよね。今じゃ20分で終わるメイクも、当時は1時間くらいかけるのが普通。23時にクラブに行って朝4時に帰宅し、がっつりメイクをクレンジングオイルでごりごり落としていたなぁ。今は23時になったらもう寝たいですけどね（笑）。Y2Kといえばとにかく青春の甘酸っぱい記憶の宝庫で、ひとことで言うと失敗の連続（笑）。メイクも覚えたてで、ハイライトとシェーディングのコントラストも激しいし、部屋でメイクして外に出て自然光で見たら「わ！」みたいなこともあったし、頑張って完璧に仕上げたマスカラが目の下を真っ黒に染めていたり、ラメが顔のあちこちに飛び散っていたり。そんな当時を思い出して不安がよぎるけれど、ここで試合を放棄したら何かが終わる気がする（大袈裟《おおげさ》）。

最初は恐る恐る（笑）、それでも大人がトレンドを楽しむ意味

トレンドって、必ず乗らなくてはいけないものではないし、もちろんスルーするのもあり。でも私は、自分なりに乗っかって楽しみたいなと思うんです。若々

しいチャレンジをしたい（笑）。センスが問われるし、メイクで言うならば昔はなかった小ジワと肌疲れとか、いろんな課題を乗り越えなきゃいけないからちょっとドキドキしちゃうけど、それはスキンケアの進化や、最新のメイクアイテムでどうにか丸くおさまるかしら、と希望を抱きながら。

何かを言い訳にして楽しむことを諦めたくないなって。だから私は懐かしい流行にキュンとしたり、そこで出会う新しい自分にわくわくしたり、ほどよい距離感でトレンドと付き合っていきたいなと思うのです。

トレンドって
ムズイよね

「一生同じ髪型!? 問題」

気づけば20年近く同じ髪型でした

最近思うのが、もしかして私、一生この髪型なのかな? ということ。というのも私は普段のファッションは超コンサバだけれど、プライベートで着る服は少しカジュアルになりつつあって、そうなったとき「顔」と「髪」という、首より上部分だけ超コンサバなことに違和感を覚えることが出てきて。でも、年齢を重ねると髪型ってなかなか変えられないですよね。私もきっと美容家の仕事をしていなかったら変わるチャンスもなく、一生ワンレンロングだったはず。そもそも大学生からつい最近までずーっと前髪なしのワンレンロング。前髪がなかったのにも理由があって、お肌のケアを何よりも最優先したかったから。額のニキビに悩まされていた時期もあったので、前髪という少しでも刺激となる要因は排除したかったのです。4年に1回くらいはふと思い立って前髪を切ってみるものの、

「前髪ない人」の癖がついてしまっているものだから、すぐまた元通り。そんなこんなで、私はいつこの髪型から脱出するのだろう…とぼんやり思いながら、同じ髪型を続けてきました。

髪型を変えてみて本当によかった

ところが本格的に美容のお仕事を始めて、いろんなヘア&メイクさんにやっていただく機会が増えた頃、「顔や身長のバランス的にもう少し長さを切ったほうがいい、前髪も絶対に作ったほうがいいよ」と言われて、プロの方が言っているのだからと思い、ロング→セミロング、前髪なし→前髪ありに思い切ってチェンジ。カラーも前に比べると少し明るくしました。結果、今の髪型にして本当によかったと思っています（今またカジュアル服に合わないかも問題が発生していることはさておき）。ロングからショートほどの劇的な変化はないものの、自分比でかなりアップデートできた気がする。以前は頭皮をいたわりたくてカラーリングをあまりしていなかったこともあり、見方によっては巻かないと「髪が海苔《のり》

!?」なときもあったので(笑)。だから年齢を重ねて「ずっと同じ髪型だな〜」という人は、一度客観的に誰かに見てもらうのもありだと思うのです。プロのヘア&メイクさんでプライベートレッスンをされている方もいるし、同じヘアサロンに何年も通って「いつもの感じで」となりがちな人はサロンを変えてみるのだってあり。今はアプリも進化しているから、自分の顔をはめるとけっこうリアルにその髪型をシミュレーションしてくれたりもする(昔のものはウイッグをかぶったみたいな感じの仕上がりだったけれど)。顔の形がこうだから私にはこの長さがベスト、と長年こだわりを貫いている人がいたら、一度その思い込みを捨ててみると、私がそうだったように新しい自分に出会える確率がグッと上がる気がします。顔や時代も変化していくように、似合う髪型だって変わっていくはずだから。

美容好きこそ、〝髪型〟をスルーしがち!?

ここで自戒も込めて思うのが、美容好きであればあるほど顔にばかり注視して、あのシミが気になる、このシワをなんとかしたい、ここのたるみを…と、スキンケアやときには美容医療でメンテナンスしたりと「顔ファースト」で頑張りがち。その結果、髪型にまでなかなかたどり着かないんですよね。かくいう私も「顔にばかり課金してないで、髪型に対してもっとやれることがあるでしょ」って自分にツッコミを入れたくなることも。ひと通り「顔」を頑張ったら、次の伸び代は「髪型」や「ファッション」にあるんじゃないのかなって。素敵な印象って、要は総合得点ですからね。肌だけツルツルで高得点でもほかがイマイチだと、なんだかバランスが悪くてなかなか美人印象になりにくい。ちなみに大人になって美容好きが迷子になりがちな洋服問題も、ポテンシャルを上げていきたいところ。私も仕事が忙しいと自分の中で勝ちパターンのコーデばかりになって〝スティーブ・ジョブズ化〟するので、ファッションも頑張りたい。

『美的』などの美容誌を読んでいる皆さんをはじめ、我々美容班は「キレイになる」という課題に対して、お肌のお手入れはもちろんなんだけれど、ちょっと視点を変えてみるっていうのも大事かも。総合得点を考えたときに、そのほうが費用対効果が優れていることも意外とあります。あとは、自分のいつものテリトリー以外のところに足を運んでみるという〝異文化交流〟も意外な気づきをもらえたりするから、トライして損はない。

総合得点を上げる〝あか抜け美容道〟を一歩一歩、一緒に進んでいきましょ！

「あぁ…体が思うように動かない…！（泣）」

朝起きた瞬間に、その異変はやってきました

冬の始まりのとある朝、ベッドから起き上がろうとしたら、いかにも腰が抜けそうな感覚。うまく力が入らない…。その瞬間、「あぁやっちまった、これはぎっくり腰だ…」と悟りました。何事も経験というのは大事なもので、今からもう10年以上前の産後に経験したぎっくり腰の感覚に似ていたのです。幸い今回は、ぎっくり陥落の一歩手前。日常生活に支障はきたしまくりましたが（ご迷惑をおかけした関係各所の皆さま、本当にごめんなさい）、なんとか歩くことはできました。でもなぜ今このタイミングでぎっくり腰になったのか、その理由は自分でもよくわかっていて。寒くなった（血流が悪くなる）こと、ホルモンバランス、緊張。この3つであることは自分の中でもう明確。なかでもこの「緊張」という

のが、我ながらタチが悪い（笑）。

実はものすごく、緊張体質です

仕事で結果を出さなきゃいけない、そんなときはいつも体がボロボロになります。風邪を引くとかそういうことではないのですが、腰や肩がガチガチに。特に人前に出るときは顔をこわばらせるわけにはいかないので、大事な本番は全身の筋肉をギュッと固めることで爆発力を出すタイプ（なんだそれ笑）。つまり、筋肉のパフォーマンスがちょっとおかしくなってしまう。もう少しリラックスして臨めればいいんですけどね、いまだにしっかり緊張してしまう、その結果、腰に過度な負担がかかってこのぎっくり腰。整体の先生にも筋肉の強弱が激しいと言われます。オフのときはだるだるなのに、オンになると急にライオン化。だから体がついていけない。もうそういう体質なので仕方ないなと思いつつ、対策は考えていかないと。いや、この時期も緊張する仕事が3本くらい続けてある、ということで警戒はしていたのです。なるべくストレッチをするようにしていたのですが、どうやら足りなかった。ぎっくり腰を自覚後、すぐに整体にも駆け込みました。ただ先生曰《いわ》く、腰椎を支える靭帯《じんたい》の損傷はすでに起こっているのですぐには治らない、安静にしつつ周りの筋肉を少しずつほぐすことでよくなるそうで、なんとか頑張っている次第です。

ピラティスやトレーニングをしているからって、1ミリも無双じゃなかった（笑）

毎週ジムに行っているし、わりと体は動かしているほう、筋肉もそれなりにあるし、柔軟性もきっとある、なんて思っていたのに全然そんなことなかった。筋肉のライオン化を甘く見ていたし、自分のトリセツ理解もまだまだだなぁ。でも、いいこともあったのよ。とにかく周りの優しさが身にしみました。子供たちは「荷物持つよ」と言ってくれるし、フォロワーさんからはたくさん整体情報を教えていただき、行ってみたいリストが増えた。周りにぎっくり腰の人がいたら、私も絶対に優しくしようと誓いました。しかしながら腰のダウンタイム中に、油断は禁物。この間は、絶対安静の腰をかばいながら着替えていたら首の筋がおかしくなり、そうしたら今度は急に腰がビキーッとなって、涙が出るくらい痛くてそのまま倒れ込んでしまいました。これもう「仕事飛んだな」って思うくらいの衝撃で…。たまたま近くにいた娘に助けてもらい大丈夫でしたが、別の意味でいろんな緊張感と隣り合わせの日々。だからみんなには、「冬は特に腰にご用心」と伝えたい（笑）。私みたいな緊張体質でなくとも、冷えは筋肉を硬くしてしまうのでね。あとは何度も言うようですが、ストレッチ。美容を攻めるのもいいけれど、まずは健やかな体があってこそ！と、自分に言い聞かせています。

腰の
ダウンタイムは
ツライよ

「幸せになりたいなら、サヨナラ承認欲求」

この世でいちばん美しいのはだぁれ？

ある日インスタを見ていたらタイムラインに流れてきたのが、たわわな胸を揺らしながらＤＪブースで汗を流す美女。キラキラとバランスのよいパーツが、小さな顔にキュッと集まっている。思わず見入ってコメント欄まで飛ぶと、男性からの賞賛の嵐（♡などを含む）。あれあれ、でも表情全部似てないかい？「そもそもずっとＤＪしているとか、なんかおかしくない？……!!」と、ここでやっと気づく。インスタのこの美女が、ＡＩがつくったものだということに。「なーんだ」。そんな思いと同時に、どこかほっとした自分がいました。「○○ちゃんより○○ちゃんの方がかわいい、キレイ」…そんな美の協奏曲みたいなものがまもなく終わりを迎えるんだなって。ＡＩは、いわゆる〝キレイの頂点〟をこれからさらに学んでいくだろうし、そんなＡＩにかないっこない。だって、私がめっちや整形して絶世の美女になったとしても（例えばの話です笑）、次の日にはそれを超えるＡＩが出てくる世界。もうね、くだらない争いなんです。生まれもった造形で、目が大きいとか顔が小さいとか比べ合うことって。なぜなら、その頂点はＡＩがつくるのだから。

承認欲求を超えてくる幸せとは？

最近思うんです。人とキレイを比べることって本当に意味がない。それって結局、幸せになれないなぁって。もちろん、キレイに限らず人生に対してもそう。人とマウントを取り合ったり、自分の勝手なものさしで他人を評価してみたり、なんだか疲れたり虚《むな》しくなったりしませんか？　でもこれ、きっとSNS社会がそれを助長している部分もありますよね。インスタを開けば、みんなのキラキラとした一部分だけが流れてくるから、気づけば承認欲求がヒートアップしがち。でも承認欲求が過度になればなるほど、不幸になる気がします。もちろん、誰にでも認められたいという思いはあるけれど、他人からどう見られているか、どう評価されているか、という部分にとらわれすぎると、幸せの本質からかけ離れていく。じゃあ、どうしたら幸せになれるのか？　私が出した結論は、純粋に自分が楽しいと思えることをやること。そこに理由なんてなくていいんです。ちなみに私は美容の中でも美白ケアが特に好きなのですが、ぶっちゃけそこに大義名分なんてないんです。白くする遊びが、ただただ楽しい(笑)。無理に頑張っていないし、そこにストレスが一切ないから、きっと伸び代もある。それより、インスタのリールの数字伸ばさなきゃって頑張るほうが私にとってストレス(笑)。ちなみに、純粋に楽しいと思えることは人によって違うから、華やかに遊ぶことが好きな人もいるし、私みたいに家でひっそり化粧品を出したり塗ったりが楽しくて幸せなタイプもいる。本当に人それぞれ、幸せって違うと思います。

ゴールはいったいどこなの？

私が思う、幸せに楽しく生きる方法のもうひとつが、人と仲良くすること。え、何を今さら!?　と思われるかもしれないけれど、シンプルにこれに尽きます。生産性のない無駄な競争はしない(笑)。これは自分の勝手なものさしで他人を評価しないというところにもつながると思うのですが、すべてが完璧なのはマジでAIしかいないから。他人と接する中で「えっ!?」という理解できない部分があったとしても、いったん受け止めてみる。それが本当に上手だなぁと思う人っていて、何かあっても「そりゃA面もB面もあるよねぇ」というスタンス。人のいろんな部分を認められるって、すごいなと思います。そんなふうに軽やかに生きている人は、結果成功しているし人望も厚い。なんだかAI美女の話から幸せの話に飛びましたが、私が言いたいのは「幸せになりたいなら、承認欲求満たすより自分の好きなことしよ♡ 無駄なマウント取り合わないでみんな仲良くしよ♡」って話です。

だってゴールは誰かをギャフンと言わせることじゃなくて、自分自身の幸せだから。

マウント取れても
幸せには
なれない

仕事、人間関係、魅せ方、生き方…
“なりたい自分”は自分でつくる!

「自分ブランディング」論

ブランディングって肩肘を張ることではなくて、
自分を好きでいられる自分になること。
私もたくさん悩んで、失敗して、まだまだ道半ばですが、
少しでも生きやすくなるヒントをお話しできたらと思います。

「美容ばかりに飽きてきた!?」

美容にだけ詳しい。それでいいのか私…!?

私のインスタで出てくるフィードといえば、美容系のものばかり。自分が好きな情報に囲まれて生きているので、そこにふと「世界情勢」「経済」なんてワードが入ってこようものなら、お恥ずかしながらふわっと目を背けてきた気がします。でも先日、とある方と食事に行ったときのこと。その方は仕事柄もあって、今世界で起こっていることや経済についてとても詳しく、純粋にすごく素敵だなと思ったんですよね。と同時に、自分がいかに狭い世界で生きているかにハッとして、怖くなりました。例えば身近なことでいうと、お金に関してもそう。これまでは100万円は100万円のままだったかもしれないけれど、知識がある人は、それ以上の価値にできる世界線がある（怪しい商売とかそういう意味ではなく、円安やら新NISAやらなんやら）。わかりやすくポーンとすぐスイッチが入る私は(笑)、世界のこと、経済のことを少しずつ勉強しはじめました。最近はYouTubeでわかりやすく解説してくださっているチャンネルもたくさんありますしね。スタイルのよい韓国アイドルをぼーっと眺めてダイエットモチベにしていた時間も(もちろん、そういう時間も大事なんですけど)、なるべくニュースを見るようにしたり。自分の世界を広げてみたくなった今日この頃です。私は今45歳ですが、この先まだまだ人生長いような気がしていて、「〇〇するために働く、働いたら〇〇する」という自分にご褒美を与える(!?)スパイラルに限界を感じてきたのかもしれません。ひとつのところにとどまらず、学びのある人生を歩んでいきたい。今回は真面目か(笑)って内容ですが、今とても心から思うこと。

環境を変えることで、美容も新しい何かが見えてくる!?

で、先ほどの気づきを私なりに美容に落とし込んで考えてみると、キレイになるためのあれこれも、もっといろんなところから情報を取り入れる習慣がつくと、モヤモヤしたとき、マンネリ化したときに新しい一手を打ちやすいように感じたんですよね。そのひとつが友達。もちろんSNSもいいけれど、なんだかんだ刺激を得られるのは直接会う友達だったりしませんか？　年1で会う、そんな交友関係も全然アリだと思います。私もたまにしか会わないけれど、1回の情報交換量が半端ない(笑) そんなチームがいろいろあります。美容医療チーム、ナチュラルチーム、葉っぱ（ヘルシー好き）チームなどなど(笑)。お互い包み隠さずしゃべり倒して、そこから得た情報を自分なりにミックスして取り入れると、ちょうどよかったりする。ほかには、自分が好きで取り入れている美容をプチチェンジしてみるのもいいと思います。例えばピラティスによく行っているのだったら、たまに違うピラティスのレッスンに行ってみる。マッサージが好きだったら、たまに違う整体に行ってみる。ちなみに私も「ここ、良さそう！」と思ったら1回体験みたいなもの、すぐ行きます。いくら人にいいと言われても、実際に自分で踏み込んでみないと何もわからないですしね。で、行ってみると意外な発見があったり、急に美容モチベがぐいっと上がったり。

新しい価値観を自分に吹き込むと、キレイのポテンシャルって絶対に上がりますから。

最近の真理子的・美容発見といえば

ちなみに誰得情報なのですが(笑)、この間、スキンケアの発表会で最新の肌診断をしていただいたら、「大野さんの肌は、炎症がとても起きやすい」と言われて。要は攻め系スキンケアもほどほどに、ということなのですが、自分的にはちょっと目からウロコでした。意外と誰にも指摘されたことがなかったのかもって。とはいえ皮膚管理は好きなことなので、これからも攻めたりなだめたり、メリット・デメリットを考えながらいろいろトライしていくと思いますが、改めて自分のことを知るきっかけになりました。そしてもうひとつ。私はスキンケア以外に美容医療もあれこれしていまして。それもあって顔の表面からゴリゴリほぐすのは控えていたのですが、最近整体で「顔もほぐすといいよ」と教えてもらってやってみたら、確かにスッキリシュッと！　なので、美容医療、しばしお休みしようかなーと思っているところです。あちら立てればこちらが立たぬ。知らんがなって感じですが(笑)、知識や経験は手広く！　凝り固まった美容脳に陥らないよう、自分の手で新しい風を吹かせながら、これからも〝皮膚の変態〟道を邁進《まいしん》していきたいと思います。

「自分をブランディングする方法」

勝っているインフルエンサーは何が違う？

私は美容家もやらせていただきつつ、アパレル会社の経営もしているのですが、新しいブランドを立ち上げたりするとき、そのブランドのお客様となる女性像を細かく具体的に想定したり、実際に売るためのブランディング方法みたいなものをよく考えます。で、その理論を自分のSNSにも当てはめているんですよね。何かを他人に認識してもらうためには、ブランディングってとても大事なこと。なぜなら今、みんなが憧れるインフルエンサーって、自分の見せ方をめちゃくちゃよくわかっていてブランディングが明確だなぁと思って。でもね、ブランディングといっても、自分の思想や思考を変える必要はなくて、ありのままのその人でいい。ただ、表に出していく部分に〝強弱〟をつけることが大事だと思うんです。

〝4分割法〟で自分ブランディングを考える

ではここからは、具体的に私のメソッドをご紹介(笑)。まずは縦軸と横軸を作り、縦軸の上側に「得意」、下側に「苦手」と書きます。横軸は、右側が「出す」、左側が「出さない」です。私の場合、得意(好き)なことは〝美容〟や〝おしゃべり〟であり、これは前面に出していきたいことなので「得意&出す」ゾーンに書きます。一方で苦手なことは〝料理〟。でも、苦手=出さないではなく、苦手を公表していれば周りの方がいろいろ教えてくれたり、応援してくれたりするので、それがコミュニケーションにつながったりもする。だから私の場合、「少し出す」ゾーンに配置します。ちなみに子供の教育や、仕事の仕方についてはいろいろな考え方があるので「あまり出さないゾーン」に。

と、こんな感じで自分なりに4分割MAPを書き、SNSに発信したり周りの人と話すときに気をつけています(ある程度MAPが固まれば、無意識にできるようになる)。でもこれ、本当に人によって内容が変わってきます。ある人の得意(好き)なことはファッションかもしれないし、ビジネスのスキルかもしれない。エンタメだったり、投資などお金の話かもしれない。でね、これは別にインフルエンサーだけにハマる話ではないと思うんです。自分の中での「出す」「出さない」MAPができると、仕事をするうえでも自分をプレゼンしやすくなるし、そういった意味で意中の彼にもアプローチしやすくなります（これ、好きな彼を振り向かせるための4分割法が別の縦軸横軸ベクトルであるんですけど、その話はまたいつか♡）。

〝キム秘書〟になってみた過去から思うこと

と、ここで原点に立ち返ります。なぜ自分ブランディングをするかというと、そもそも人って他人のことにはあまり興味がないもの(笑)。そんなゼロ興味のところから振り向いてもらうにはコツがいるし、完璧な人格でもつまらないから、「え！」「え？」みたいな引っ掛かりもあったほうがいい。そんなあなたの魅力を正確に伝えるために、この「4分割法」をぜひ試してみてください。私も年1くらいでこの自分ブランディングMAPを修正しています。最近の修正点は、くだけた自分を出しすぎないこと。フォロワーさんとのコミュニケーションで〝うちの旦那にあだ名をつけてください〟みたいなことを前からやっていたのですが、最近はありがたいことに私のSNSを見てくださる方も増え、お怒りになる方もたまにいるので…。もっと面白さの腕を磨いていかなければと思っているところです。

少し話が飛びましたが、このMAPが完成して〝こうありたい像〟が思い描けたら、次はそれに向かって前進あるのみ。というのも人の印象なんて、半年もあれば変えられる。実は私、昔、韓国ドラマの『キム秘書はいったい、なぜ？』にどハマりし、〝キム秘書になろう〟というブランディングを試みたことがあって（笑）。今まで赤とか緑の服も普通に着ていたのに、そこからは白とベージュ、ブラウンの3色しか使わないコーデを徹底。アイテムでいうと、とろみシャツとタイトスカートとパンプスみたいな。そういう格好を続けていると、周りから不思議となんだか丁寧に扱われるようになる。たまーに違うコーデをしようものなら「今日どうしたの？」なんて言われる。人のイメージって簡単に思い切り塗り替えることができるんだ、という面白い体験でした。

だからもし今、自分のことが嫌いで変えたいという思いがあるなら、人からの印象なんて半年で変えられることを忘れないでほしい。なりたい自分を思い描き、ある意味、最初は〝なり切ってプレイ〟する。そうすると、いつの間にか本当の自分がついてくる。

自分ブランディングで、なりたい自分になっちゃおう!

プレイしたもの勝ち!

「強く人を惹きつける話し方の極意とは？」

人前でしゃべる仕事で思うこと

2024年9月に開催された『美的』のリアルイベント「あいたい美的」は、ありがたいことに前年に引き続き2回目の出演となりました。1回目は緊張して裏でガクブル震えていたのに、今年はなんだか楽しめて。自分の成長を感じられて、この歳になってそんな風に思える仕事を経験させていただけることがとても感慨深かった。来てくださった皆様本当にありがとうございました。お会いできて幸せでした。

キレイにまとめる？　場の空気を変える？

お客様を前にしてお話しすることは、リアクションが即返ってきてとても刺激になる。例えば平日のイベントでは、夕方の回にもなるとお疲れの方もいらっしゃり、少しでもつまらない話をしようものなら、うつらうつらされてしまうこともあって、「仕事終わりは疲れてるよね…」と共感しながらも自分の不甲斐《ふがい》なさに悔しさを噛《か》みしめることもある。「人の話を聞く」ってはっきり言ってストレスです。高いお金を払ってまで男性がキャバクラに行く理由のひとつとして「話を聞いてもらいたい」があるように、他人に話を聞いてもらうのって改めて難しいことだと思う。数回にわたってトークショーの仕事をこなした1か月。その月の最後には、実業家の河村真木子さんと対談という形のXでのライブ配信があった。プライベートでは幾度か遊んでもらっているものの、仕事でご一緒するのは初めて。ビジネスウーマンとして女性として、超リスペクトしてる真木子さん。オフィシャルの場で、しかも美容のお仕事の場でどんな話をするんだろうと、とてもわくわくしました。ちなみに美容のお仕事というのは暗黙の了解として、やっぱり「おキレイ」にまとまらなくてはいけない雰囲気があって。私自身は、その中でも比較的あけっぴろげな姿を見せているつもりではあったけれど、いつも裏表のない真木子さんとの回。どんな展開になるのかドキドキ…。始まって数分、自己紹介から本題に入り、「やばい。ちょっと堅いなぁ」とふと思った瞬間、真木子節が始まった。一瞬スタジオが〝ぴきり〟と固まった気がしたけれど、真木子さんは、お構いなし。場の空気がガラッと変わるのを感じる。プロデューサーの男性がにやりと笑みを浮かべる。念のため事前に台本にはしゃべろうと思っていたことをメモしていたけれど、やっぱり私も素直な気持ちで話そうと思い改めたのです。

人を惹きつける「話し方」って？

真木子さんのオンラインサロンは月額1万円。それを継続的に支払える顧客層は頭が良く、小手先の嘘やおキレイ話なんて通じない。いつも素直な気持ちでぶつかるからこそ、彼女は人を惹きつけるのです。そして、ときには誰かに否定されるかもしれない意見も、声に出してみている。キャッチーな言葉や自虐な話題も盛り込んで、聞く人を飽きさせない。頭が良い人がやりがちな(笑)、すみっこに散らばる〝私上げ〟が一切なく、ひたすらに聞き入ることができる。こうやって私も〝意見〟をもっていいのだ、と自信をもたせてくれるような1時間。とても刺激をいただいて、私にもまだまだやりたいこと、学びたいことがたくさんあるなと思えました。環境って大事よね。「ちょっと怖いな」と思う仕事もガンガン突っ込んでいきたい。緊張しちゃうけど、いつかは慣れることも知ったし、ぬるま湯に浸かるのはときどきでいいなと思った次第です。「どうやったら緊張しなくなりますか？」と聞かれることがあるのですが、私もこんなふうにすこーしずつ克服しているのです。1年前まで、マイクを握れば手が震えてた。

だからみんなもチャレンジしよう。新しい扉はノックしないと開かないから。

もっとトークの腕を
磨きたい

「真理子流、落ち込んだ気持ちのアゲ方」

ホント、人っていろんなタイプがいる

きっかけは娘との会話から。「ママ、MBTI診断って知ってる？　○○と○○は相性がいいから、なんちゃらかんちゃら～」と言われてやってみたら、けっこう楽しくて。きっとご存じの方も多いであろう、16タイプの性格診断テストなのですが、韓国では入社試験に取り入れられることもあるくらい、重視されているものみたいですね。要は人間にはいろいろなタイプがいるということなのですが、どんな困難があっても前向きに道を切り開ける人、周りを繊細にサポートすることが向いている人もいれば、協調性が高い人もいる。そう考えると、いろんな人がいるんだから、〝○○しなければ〟という気持ちが強いと、すごく疲れちゃうなと思って。でもね、わかっちゃいるけど、いろいろ感じて凹《へこ》むこと、生きてりゃたくさんありますよね。かくいう私も、どちらかというとダメージを受け

やすいタイプ。悲しい出来事に落ち込んだり、いちいち傷ついたり…。しかもわりと引きずって根にもつ(笑)。いつまでたっても心の中ではウジウジしていたりします。ちなみに私のＭＢＴＩ診断の結果は、擁護者型で〝ザ・気にしい〟なタイプです(笑)。

ホリエモンメソッドが効く！

凹むことも日々たくさんあるけれど、もちろんいつまでも立ち止まっているわけにはいきません。そこで思いついたのが〝ホリエモンを自分に降ろす〟という方法。堀江貴文さんの書籍をいくつか読んだのですが、当たり前にメンタルがめちゃくちゃ強い。例えばですが、「持ち家？　意味なくない？」「お金？　要らなくない？」「今、楽しまないでどうすんの？」みたいな言葉がスルスル入ってくるんです。本も、話し言葉をそのまま文章にしている感じだからすごく読みやすい。「人の目を気にして自分のしたいことができないとか、あほじゃないの？」というマインドを自分に刷り込むんです。「やめたほうがいいよ」とかではなく、「バカなんじゃねえの？」みたいに書いてあるから、ホリエモンマインドがまぁまぁグイッと降りてくる（笑）。強い自分になれます。

迷ったときは、いつも本に助けられて生きてきた

私の場合、困ったら本に頼ることが多くて、人付き合いにすごく疲れたときは永松茂久さんの『君は誰と生きるか』（フォレスト出版）を読んで、家族を大事にしなきゃと思ったり、気持ちが乱れているときは脳科学の本を読んだり、仕事で絶対勝ちに行きたいときはビジネス本を読んだり。そのときどきの悩みの種類にあった本を読むことで、自分のマインドをいい方向にコントロールする、これが私の悩み解決のベースにあるかもしれません。落ち込んだときは、人と会ってご飯を食べてわいわいするのはあんまり好きじゃなくて、ひとりで本を読んでいるほうが全然楽しい（笑）。電子書籍で読むことが多いので、気になる本は片っ端からポチります。本の内容に没頭して急に様子のおかしいことを言い出すこともあるし（笑）、途中で飽きちゃうことも。でも思うのは、本は学びのコスパが最高

だということ。たくさんの情報や知識を2時間近くで吸収できる、おいしい教材だと思います。もちろん、すべてをそのまま真似するのではなくて、自分に必要なところだけを取り込めばいい。そもそも、「ホリエモンみたいに生きられないよ」ってなるとそこで終わっちゃうから、彼のマインドだけ上手に取り入れるとか。

話は少しそれますが、昔、人間関係に悩んだときに人を9つのタイプに分けるエニアグラムの本を読んだのですが、それで救われたこともありました。合わないことをはっきりと物申してセッションするタイプの方と出会い、言葉でざっくり斬られて「こちとら死ぬかもしれない」と思ったことがあったのですが、エニアグラムの性格タイプの思考で「あの人は戦いたい人なんだな」と理解したことで受け入れられた記憶が。そういうのを知ると、「自分はこういうタイプだけれど、相手は違うタイプだから流してあげよう」とか、「あのセッション、向こうは気持ちよかったかな？」とか、自分の気持ちに余裕が生まれる気がします。ただただ忘れよう、というのは無理。なんであの人にあんなことを言われたんだろうと思うし、裏の裏までさぐりたくなる。もう本当、考え方、メンタルのもちようなんだけれども。

美容のバイブル、夫婦のバイブル

ちなみに私の美容のバイブルは齋藤薫さんの『美容の天才365日』（講談社※現在は、中古などで購入可能）なのですが、清潔感こそ命、憂いはまつげに宿る、アイラインひとつで変わる話など、私の美意識はすべてここから始まったといっても過言ではないほど影響を受けた本。今でも読み返します。また夫婦生活が楽になるきっかけをくれたのは、黒川伊保子さんの『夫のトリセツ』『妻のトリセツ』（ともに講談社）。そもそも男女で脳のつくりは違うから、言い方ひとつ変えるだけで自分の希望が叶《かな》いやすくなる、ということをこの本から学びました。

何かに悩んだときに自分を強くしてくれたり、逃げ道を示してくれたり、消化する方法を教えてくれたり。生きやすくなるための道標《みちしるべ》が本の中にあると思っています。

だから今日も私はシートマスクをしながら本を読みます。

「人間関係に悩んだときの私なりの方法」

私がいつも苦しみ悩んだのは人間関係でした

渋谷に私が大学生の頃からある「人間関係」という老舗のカフェがある。なんと1979年、私が生まれた年からあるそうです。いまだにその店の前を通ると、大学生の頃そこに入り浸っては友達としゃべったり彼とデートしたことを懐かしく思い出します。

あれから25年くらいたって私がいつでも苦しみ悩んだことは人間関係にあったような気がするのです。特に東京のアパレルや美容の世界は仕事とプライベートが曖昧で、仕事のような友達のようなグレーの世界で仕事が始まることが多くて、そのからくりを理解するまでかなり時間を要したように思います。

お金、健康、そして人間関係がこの世における私たちの三大お悩みごと。うまくいって困ることはない。おそらく私にとっては仕事よりもずっと悩みが多かった人間関係について少し話したいと思います。

わかり合えなくたっていい

「激しい口調で口論する」のは、私が無理なことベスト3に入る。それくらい嫌いな行為です。言い合うくらいなら我慢してその場をやり過ごし、二度と会わないほうがいいと思う。だけど疑問に思ったら、とことん話し合って言い合ってクリアにしたい。意見をぶつけ合って解決したい。そんなふうに思う人もいるのでしょう。実際そんな場面に出くわしたこともあります。

生きていると「なぜあの人はあんなふうに言ったのだろう」とか、「なぜあの人はあんな行動をするのだろう」と思うことが、みなさんもあると思います。「なんで、なんで?」ってなって人に言いたくなって、それが悪口になって「○○さんはあの人が嫌い」という噂《うわさ》が立ったりする。非常に面倒なことです。

アパレルや美容家の仕事を通して、世の中で活躍しているインフルエンサーと呼ばれる方たちと仕事をしたり仲良くなったりすることがあります。まぁ個性的な人々に出くわすわけですが、各々とんでもない曲者《くせもの》が多い（私もですね笑）。そんなひと癖は、ある人には共感として映り魅力となる。またある人にはだらしなさとして映りアンチの対象となったりする。しかしそれにおびえて〝誰にも叩《たた》かれないノーマル〟な人になればその人らしさは激減して、インフルエンス力も失ったりする。曲者であり続けることが、インフルエンス力を維持することでもあるのだ。インフルエンス力を維持するということはその人の仕事なのだ。それを批判するということはもはや営業妨害である。…それに気づいたとき、人をジャッジするのをやめたい、と心底思ったのです。

それでも、目に映り耳に入ると「なんでそんなことするの病」が発生するので、気にならなくなるまで離れてみるというのも、私なりにたどり着いた方法です。〝距離を取る〟というと、とても冷たく感じるかもしれないけれど、悪口を言うより100倍よい。誰かを自分のものさしで測りたくなったら距離を取る、ということをキモに銘じています。

SNS上にいろいろな人がいるから面白いように、この世界はいろいろな人がいるから成り立ってるのだ。人の個性に敬意を払って、ジャッジしたくならない距離で仲良くする。これが、この東京都キラキラ区で生き抜く術《すべ》だと知った今、とてつもなく生きやすいのです。

友達って言葉がややこしい

「友達って何？」。夫はわかる。彼氏もわかる。親もわかるし子供もわかる。でも友達の定義って何？　それにさらに「親友」とか名前をつけちゃうとさらにややこしい。言葉に束縛されて「会わなきゃ」、「理解し合わなきゃ私たち」となって、「最近親友と距離ができています」とか、悩んだりしますよね。

生きていると、人それぞれステージがあって、タイミングがある。成長スピードも違うのです。だからもっと気軽に「今日、この話はあの人としたら面白そう」くらいの感覚でライトにエアリーに楽しめるのが友達だと定義したい。

ところで、あなたはストレスが溜まったとき、「人に会ってぱあっと飲んで忘れたいタイプ」ですか？　それとも「ひとりでじっと布団にくるまり、Ｎｅｔｆｌｉｘを見てやり過ごすタイプ」ですか？　私は完全に後者。友達といるのも大

好きだけど、買い物は基本ひとりが好き。ひとりで「虎屋」の喫茶に行って羊羹《ようかん》をほおばりながら上品なマダムの横で、キャバクラで働くお姉さんのインスタを見て、にやにやするのが好き。布団の中で好きな本を読んでいるのが至福のとき、と思うタイプ。だからそもそも、ものすごくたくさんの友達が必要ではないのです。おひとりさま万歳。こうしてひとりでコラムを書いて、まだ見ぬあなたと通じ合っていると思うほうが、私はとてもわくわくする。

友人関係に悩んだら、別に手放したっていい。タイミングの問題だから、人生において粘着質な人間関係はそんなに優先順位は高くないと思うのです。

「オンナの人生と仕事の関係論」

私の仕事人生の話をします

コラムをいろいろと書いてきたけれど、仕事についての話はやや避けていたところがある私。理由は「会社員経験ゼロ」だから。大学を卒業して父の会社に入社し、その後独立して今に至るため、皆さんとの共感ポイントが少ない気がしてちょっと怖い。メールの送り方も名刺の渡し方も全部うろ覚えだし、「結果にコミット」以外のことすべてを適当にやり過ごしてきたため、社会人得点としては赤点の部分が多すぎるのです。美容家の仕事を始めて大企業の方々とお仕事をさせていただく機会が増え、日々感動と驚きの連続。皆さん細部にわたって気が遣えます。絶対反対の意見をもっているに違いないのに、「そうですよね、そうですよね」といつ終わりを迎えるかわからないプレゼンに、ニコニコと相槌《あいづち》を打ったりして、Ｚｏｏｍ画面越しに「菩薩《ぼさつ》か？」と質問を投げかけたくなるときがあります。資料作りも芸術的にうまい。忘れた頃に見返しても、その仕事の内容が鮮明に思い出せるほど、わかりやすく読みやすい資料をくださることが多い。

一方私といえば、すべての決裁を1行のメールやLINE、もしくは口頭でしてきたので、自分のメモを見返しては、なんのこっちゃわからないことが多数です。例えば1か月前のメモを見返すと「ベイビーフット」「バーテンダー」「白桃肌」と書いてあるが意味不明。白桃肌と書いてあるからおそらく美容関連の思いつきをメモしたのだろうけど、「バーテンダーってなんですか(笑)?」とそんなところである。そんなふうに仕事の仕方はすべて自己流に編み出した方法なので、大体皆さんの参考にならないし、たくさんの失敗や損失も生み出した。「これは知っていたら避けられたのに」と思うミスも多いので、いくつかお伝えしておきたいと思う。

思い立ったらすぐやる。本当にすぐ

私のアパレルの会社は間もなく15年。父の会社内で立ち上げた「ｔｏｃｃｏ ｃｌｏｓｅｔ」は間もなく20年となる。ここまでに至るのにいちばん初めの大きな転機となったのが通販事業の成功です。その頃はまだガラケーの時代で、ネット通販はまだニッチな存在。そんな中、楽天に出店したのがきっかけでした。当時、たった14文字1行の楽天メール広告費が200万円超え。やってみなければそれがアタリの施策かどうかもわからない。そんな博打《ばくち》にヒリヒリしながら生きていた24~25歳でした。若さのおかげもあって、人気がある人をいち早くキャッチする力はありました。聞くのは0円だから、少しでも気になって一緒に仕事をしたいと思ったら、自分でモデル事務所に電話して聞いてみる。ほんのタッチの差で大手の年契約が決まってしまったりするから、思い立ったら即行動。「紙のカタログを刷らないなら受けられない」とモデルの仕事を断られたことも100回は下らない。それでも、すべてが新しく始まったばかりのネット通販の世界では、いち早く気づいて始められることがとてつもなく大切だったのです。イメージで言うと、ひろーい校庭のような場所に、モグラたたきのようにいくつかのチャンスボタンが置いてある。いち早く見つけて走って叩いた人の勝ち。そんなゲームのような世界で、とにかく行動することに意味があることを体で覚えました。思い立ったら即行動。それだけでもう、人よりちょっと勝ってるんです。

感情じゃなくて数字で判断すること

アパレルの世界の正義は「かわいい」。かわいくなかったら売れないんだもん。仕方ない。

アパレルには大きく分けるとふたつあると私的には思っていて、ひとつは大手のMD（商品政策）がきちっとしていて組織化されているブランド。もうひとつはすい星のごとく現れて、おしゃれセンス才能アリの人が立ち上げたブランド。私が思うに、大手は数字でがっつり管理されているけれど、組織化されているので判断に時間がかかったり、途中でブレる部分があることも。おしゃれ女子の作ったブランドはひとりの才能に依存しまくっているので波がある。あと、おしゃれが好きすぎて、経費使い過ぎたりね。「そこの中間をぶっ刺しに行こう」とある日思い立った私。幸い夫が異常に数字に強いので、すべてを数値化。サイトに入ってくる人が、どこから入ってきてどの写真をクリックし購入に至るのか、という確率を毎日把握。本当に毎日。かわいいに踊らされないブランド作りに心血を注いだのです。

かっこいいことを言ったけれど、私も痛い思いをしたことがあります。何度もサンプル修正をして作ったカットソー。仕上がりが思い通りで本当にかわいくて毎日着たいクオリティ。絶対売れる。理由なき自信が湧き起こり、初回から500０枚オーダーした。この夏はこれで乗り切ろうとまで思ったけれど、まったく売れずほぼセール品に。値下げしても値下げしても減らない在庫に、心底頭が痛くなりました。服の在庫というのは倉庫代もかかります。倉庫の中で鉛のように動かない在庫を見て、私の確信なんてゴミだなと、ようやく知れた苦い思い出です。

継続すること。失敗を怖がらないこと

フッ軽になんでもトライして、見返してはこねくり回して、続けること。たくさんの経営者がいる中で、私は決して頭が良いほうではありません。謙遜ではなく強みの自慢。お利口さんだと周囲に思われていないから失敗が怖くない。ダサくてOK。分からないことはガンガン質問できる。聞かれたほうも、「はいはい、

そりゃ知らないでしょうよ」という感じで気軽に教えてくれる。これは本当にお得。教えてもらったらとりあえずやってみて、また聞いてみたりする。そして粘着質に継続する。好きなことを仕事にすると良い点は、仕事とプライベートの狭間《はざま》がなくなるくらい、執着して継続できることだと思う。考える時間を長く取りまくれるというのが、好きなことを仕事にする利点。でも考えすぎて嫌いになりそうになるのが欠点。新しい事業を始める人も少ないし、続ける人も少ないから、もうそれができたら9割勝っていると思う。だからどんどん始めてみる。あとは考えるのをやめないこと。流れ作業にしないこと。以上の3点が私が仕事で大切にしてきたことです。

よく専業主婦のフォロワーさんが、「子供の手が離れて仕事をしたいけれど、専業主婦しかしてなくて不安です」的なことをおっしゃるのですが、逆にビビり散らかします、私(笑)。〝思い立ったら即行動して継続して日々アレンジしてお金の無駄使いをしないあなた〟に、できない事はないんです。働いている人は、ねぎらってほしくて大げさに「疲れた」とか「頑張った」とか言ってるけれど、主婦業のほうが1000倍しんどい。両方やってる（主婦業は6割アウトソーシング）私が断言します。主婦業がいちばん大変。ひとつだけお伝えしたいのは、面接でもっと強気に出てください。「ずっと家にいたけれど、とにもかくにもマルチタスクです。一向に進まないPTAの話し合いを耐えられますし、経費を節約するのが大の得意です。話が通じない子供とずっと一緒にいましたから、ジジイの小言を聞き流すのもできます。あとは、仕事を覚えたらできますでしょ？」って。そのくらいの強気が必要です。イケイケGOGOよ！

あなたの実力は
きっと自分が
思っている以上よ

モテなかったからこそ考え抜いた。
幸せを掴《つか》んだ私の必勝法

「勝ちに行く恋愛戦術」論

まず初めに言いたいのは、
恋愛や結婚をしていること＝幸せ、ではないということ。
そのうえで恋愛の虎の巻をギュッとここにまとめたいと思います。
求めるだけでも求められるだけでも成り立たず、
シーソーの真ん中ポジションを上手に乗りこなすのが、
私が思う恋愛のあるべき姿。
さぁ華麗にぎっこんばったん行くわよ（笑）。

「人生のビッグウェーブに乗れ！」

人生で調子が悪いとき、どうすればいいのか？

トークショーをやらせていただいたときに、いろんなお悩み相談を受けたのですが、その中で多かったのが「やりたいことがなくて人生停滞期。どうしたらいい？」という声。とある方は、子育てで数年仕事を休み、そろそろ仕事復帰したいけれど私には何もないし…というお悩みでしたが、仕事をしている、していないにかかわらず、「熱中できることがなくてモヤモヤしている」というお声はよく聞きます。ではここでいったん、私の話をさせていただきますね。振り返れば今まで45年生きてきて、「来た来た……!!」という人生のビッグウェーブは2回ありました。1回目は自分で立ち上げたアパレルブランド「ｔｏｃｃｏ ｃｌｏｓｅｔ」がめちゃくちゃ売れた30代前半の頃。そして〝#皮膚の変態〟としてさまざまな媒体で楽しく活動させていただいている、今。でも調子がいいときって、投げられたボールをいかに多く拾って投げ返すかということに必死なんですよね。要はインプットしている時間があまりなくて、アウトプットが中心。だから、自分に波が来ていないときにいかに多くインプットしておくかが重要だなって。それを第1回マイビッグウェーブのときに痛感しました。今、あの波のことを振り返ると反省点も多く、もっとこうしておけばよかったと思うことがたくさん。でも当時は若さゆえ経験値も知識も浅く、せっかく投げていただいたボールを取りきれなかったことが悔やまれます。その反省を生かしつつ、私にとって大好きで夢中になれる〝#皮膚の変態〟活動を極め、SNSでの発信もしながら美容家として活動させていただけるようになった今に至ります。

波なんて、いつ来るかわかんないから

正直、波のタイミングなんて誰にも読めないと思います。でも、選ばれた人だけがその波に乗ってチャンスをつかめるんじゃなくて、誰にでも平等にチャンスはある。しかも今はSNSを使って誰しもが発信できる時代。ただ周りを見てい

て思うのは、行動に移せる人って本当に一握り。例えば私のお友達のアヤコさん（インスタグラム：@ayakitchen123）は多忙な三兄弟ママで、料理が得意で（ちなみにインスタ、超面白い笑）、波が来た瞬間に乗って今めちゃ活躍している人。だからもし、特別今はやりたいことがなくても、いつか来る波に備えて、それまでに自分の好きなことや楽しいことを追求しておくべき。波が来たときに何個ボールを打ち返せるか、自分をどう表現できるかが見せどころですから。あと、イチからのスタートってチャンスでしかなくて。わからないことだらけだから、なんの恥じらいもなく「教えてください」って言えて、周りの方も「あの人は何も知らないから、教えてあげよう」ってなる。実際に私もそうでしたし、アパレルしかやってこなかったから美容業界のことを何も知らなかったけれど、この歳になっていろいろ教えてもらえるのはめっちゃ楽しい。

ただし、恋愛は話が別

恋愛において、出会いがないときは自分磨きをしておこう、という思想がありますよね。これに関しては私はちょっと違う気がしています。打席に立たないと、ずっとボールは来ないよっていう。「出会いがない」と嘆く人は、そもそも打席に立っていない。美容を頑張るのはいいけれど、ベンチでずっとボールを磨いていても恋愛は成就しません。泥だらけになりながらも一発打ったホームランは、間違いなくホームラン。恋愛でも仕事でも、みんなもっとやってみたらいいのにって思います。一歩踏み出した時点でちょい勝ち、くらいなもの。だってやらないから、みんな。失敗したって振られたって忘れちゃえばいいし、それを糧にすればいい。

恋愛も人生も、モヤモヤしているんだったら、とにかく行動に起こせ！　その先に新しい景色が見えてくるはずです。

まずは
打席に立って、
バットを振れ！

「モテなかった私が学んだ恋愛戦術」

大野真理子の恋愛遍歴

モテなかったなぁ。3歳から22歳まで、いわゆる「ごきげんよう」系女学校で過ごした私にとって、恋愛対象である男性の情報は雑誌かテレビくらいで、本気で白馬に乗った王子様が迎えに来ると思っていたから（失笑）。さまざまな失敗をし、運よく「商売」という共通で強烈な趣味をもつ夫にたまたま出会ったからよいものの、私の恋愛テクニック的なものは長いこと幼稚園児並みのものでありました。

私の恋愛遍歴を少しお話ししたいと思います。それなりに恋愛はしてきたけれど付き合った人の数はそう多くはなくて、主人と出会ったのが25歳くらいの頃。恋愛の常識や価値観みたいなものが覆された人でもありました。血液型がB型の彼は、典型的なマイペース（ちなみに私はO型）。付き合っているときはひっくり返りそうなほど意味不明なこともたくさんありました。例えばあるとき、家にいたら電話がかかってきて「自転車買ったんだよね。お茶行かない？」と言われて待ち合わせをしたら、オープンカフェに彼が座っていて自転車を眺めているんです、30分くらい(笑)。そして次に彼が放った言葉が「じゃ、俺行くね」。そのまま自転車に乗ってスーッと帰ってしまい、私の頭の中は「?·?·?·」でいっぱい。今となっては「でしょうね」って感じなのですが(笑)、当時は衝撃的すぎて、すぐに韓国映画の『B型の彼氏』を見て、なるほど、と理解しました。でも人って不思議なもので、自分の想像を超えてくる相手に惹かれたりするもの(笑)。

本業のアパレル会社では婚活中の社員もたくさんいて、彼女たちの悲喜こもごもが詰まった人生のワンシーンに触れることが私の日常…。あとは、本を読むことが大好きなので、恋愛本もたくさん読んできました。そうして私の恋愛メソッドができあがっていきました。私自身は、モテとは遠い人生。でもだからこそ、恋愛について冷静に分析できるようになった気がしています。

オンナの人生は恋愛に振り回されている!?

アパレルの会社で、女性ばかりの社員に囲まれて生活していると、オンナの人生がいかに恋愛に振り回されているかを知るのです。とある月曜日の朝、会社に出勤したら目を3倍くらいに腫らして泣いている社員が。どうやら長年付き合った彼と別れたらしい。「あぁ、もうすぐシーズンの変わり目で忙しい時期だけどしばらく仕事は手につかなそう…」そんな思いがよぎります。「私が恋愛攻略法に詳しくなったら会社は円滑に進むのかしら」…そう思って恋愛本をぱらぱらと読んでみたら「え? これって仕事の営業活動と一緒やんけ」と気づき、そこから心理学、脳科学、最終的には素粒子の分野までどハマりして本を読みあさりました。そしてインスタグラムで培った、たとえ話や難しい話を面白おかしく話す手法でインスタライブで話したら人気を呼び、今に至ります。

それが「真理子会議 勝ちに行く恋愛哲学」。ときどき6割くらい私のことを嫌っていそうな方に「恋愛相談とかもおやりになって恋愛経験豊富なんですね」的な言葉をいただきますが、真逆でして。「生まれつきモテてたら戦略なんて立てねーし」…と言い返したい気持ちを虚しさというオブラートでくるんで「あはは」という生ぬるい返事をしたり。私が思うに、恋愛とはホルモンの暴走劇。感情のままに行動するのは裸で戦に行くのと同じことなのです。

さて、これから皆さまは私の経営する〝会社〟に入社していただきます。そして担当は〝営業〟。「自分」という商品を売るのが仕事です。

大丈夫。もうひとりじゃない。自営業歴20年の私が、自らのビジネスで勝ち、そして生き抜いてきた営業方法をすべて伝授しよう。恋愛下手女子たち立ち上がれ！ 最良の武器を手に入れ、今、最高値で自分を売るときだ。

“株式会社 真理子”へ
ようこそ

#「ビジネス脳で勝ちに行く！ 真理子的恋愛哲学」

営業マンが好きじゃない商品なんて売れない

ブランドバッグって何なんでしょう。「嘘でしょ？」というくらい高額な商品でも、誰もが憧れなんとしても手に入れたいと思うバッグがありますよね。それはなぜ？ 理由は付加価値がついているから。ブランディングが成功しているからです。道端のビニールシートの上にゴロゴロと転がって、店主がその真ん中に鎮座しながら売っているバッグと、有名モデルがメインビジュアルを飾り、一等地に高級な内装を施した店の奥のストックから手袋をつけた手で大切そうに出されたバッグ。あなたはどちらを丁寧に扱う？ 答えは後者ですね。まずはあなた自身のことをよく知り、そして大切に扱う必要があります。腰回りについた贅肉《ぜいにく》も、えらの張った顔も、小さめの胸も全部がチャームポイントです。不安？ 大丈夫。後から付加価値をつけまくれば、必ずコンプレックスさえも丸ごと愛されることになります。

最近友人が面白い買い物をしました。某ブランドの「おたま」。そう、スープなどをすくうためのキッチン用品です。しかも持ち手がレザーらしい。濡《ぬ》れたら傷んでしまうレザーのおたまは日本で2個のみの入荷らしく、ありがたく2個を超高額で買い占めて喜んでいました。ほらね、モノに本当の価値があるかないかはこだわりすぎないほうがいいでしょ？

美容ってね、ご自愛の行為なのです。自分をよく知り、愛してあげるために頑張ること。まずは心から「私は良い品だ」と思ってほしい。うまくいかなくたってOKです。自分が自分に向き合って、キレイになろうと努力する姿が美しいから。私が美容家の仕事を通じて伝えたいメッセージのひとつでもあります。「自分はキレイ。よくやってるじゃない！」って思ってみるの。そうするといろんな歯車が良い方向にクルクルと回り出す。

良い営業マンとして、自社の製品をよく知り丁寧に扱い、そして愛してあげてほしい。そうしたら、クライアントはその品を乱雑に扱うことなんてできないのだから。

譲れないポイントを嘘なしで書き出せ

営業マンだってクライアントを選ぶ権利があります。有限な時間をともに過ごすのだもの、自分に合う人がいい。ところで相手選びにおいて、自分の譲れないポイントを把握していますか？　絶対に譲れないポイントはどこ？　これは意外と人によって違うのです。顔がいい人、お金が稼げる人、面白い人、気がきく人…自分の譲れるポイント、譲れないポイントを明確にしてください。結婚して嫌なところばかり目についても、相手は変えられない。自分が変わって相手が変化してくれるのを待つという長い長い修業が待っています。あなたのふるいのかけ方合っていますか？　一般的になんとなく良さそうというスペックで相手を選ぶと、あとで痛い目を見たりすることも。

自分の心に嘘なく正直に理想の相手を描いてみて。たくさんの人に会ってみるのは、これをより具体化するのに役立ちます。「あぁ私こういう人無理かも」「顔はタイプじゃないけどこういう話し方の人好き」みたいに、意外な自分のツボを探すことができるから。

まずはバッターボックスに立つべし

さて営業の基本ですが、初心者がずっとデスクに座って電話を待っていてもかかってきません。身長180センチのイケメン社長が突然会社に来て、「君の商品を買うために僕は生まれてきたんだ!!」とか言いません。残念なお知らせですけど。でもね、それを憂いてる系女子がけっこういるんです。あのね、バッターボックスに立たなかったらヒットは打てないの。まずはボールに当たらなくても空振りでもバットを振りまくる練習が必要です。特に規律の厳しい女学校卒業生(私もこれだった)。私たちは恋愛に関しては赤ちゃんよ！　たくさん失敗して学んで成長しよう。真面目にコツコツやるのは私たち得意じゃない!?　トライ&エラー、そして学びよ。ほかの分野では頑張れたこと、恋愛でもできるから、大丈夫。

アプリこそ攻略法を学ぶ

私の婚活時代にはなかったもの、それがアプリ。今はこれで出会って結婚している人もたくさんいるように思います。私が経営するアパレル会社にも、アプリで結婚した人が数名。無限の人と出会えるって素敵だよなぁ。見ず知らずの人に会う怖さもありつつ、うまく活用して良い結果につなげられたら営業マン冥利に尽きますよね。もし、私がアプリにトライすることになったら気をつけるであろうことを、幾つか伝えておきます。

①まずは友達を探す感覚で

「初めまして。○○です。ところであなた、弊社の商品購入する気はありますか？」クライアントも出会っていきなり物を売られるとびっくりする。超逃げたくなる。だから、「別に売れなくても大丈夫なんです。ほかに買い手がすぐつくから」くらいのスタンスがとても大切。まずは彼ではなく友達を作る感覚で始めよう。よく、「いい感じの人と出会ったのに連絡が返ってこない」と落ち込む方からご相談をいただきます。簡単な方法で簡単に出会ったのだもの、そんなこともある。アプリは空振りを恐れずバッターボックスに立ちまくれる人が勝つと思うのです。ひとりのクライアントにフォーカスしすぎない。初めの段階では選択肢をもつ。メンタルを安定させるためのリスクヘッジです。

②アプリ攻略法を学べ

私のシゴデキ友人は「40歳超えたら腹をくくって課金。自分に広告かけるのよ。リーチしなかったら意味ないから（笑）」と言っていました。「自分の年齢スペックを正確に判断し、出会ってさえくれたら、私、面白いんで」ということで、アプリ内課金をしてたくさんの人に表示させるようにしたらしい。自分のプロフィールの文言や写真にこだわり、さらに既婚者がやりそうな行動や言動をリスト化して徹底的に排除したそう。天才でしょ？ そして努力してる。これが良い人に出会う真髄だと思う。勝ちたかったら、考える。行動する、失敗を分析する。落ち込んでぴえんしている暇はない。仕事と一緒。闇雲にやるよりまずは戦略を練るのよ。

③僕の話をたくさん聞いてもらったけど、営業担当のあの子はどういう子だっけ

「初デートにこぎつけて、私はとっても楽しかったけど相手から次の連絡がなかったんです」これもよく聞く相談です。なぜだと思う？ 理由は簡単で〝次に会う理由がないから〟です。まさか初めてのデートで「私ってばこんな人、こんな生い立ちでこんなことが好きなんですぅ」みたいな話を、自ら進んでしてないだろうな。まずは相手の話を聞くこと。会話の中から掘り下げてほしそうな部分をあぶり出し、質問すること。次から次へと質問を変えて尋問みたいにならないこと。彼が、「あーなんか今日楽しかったな、あれ？　でも俺彼女のことあんまり聞けてなかったかも」と思わせること。それが次に彼があなたに会う理由です。

④清潔感にすべてを託せ

ついに、美容の話をしようじゃないか(笑)。初めての人に好印象をもってもらうには、清潔感が必要です。よく聞く話だと思います。なぜかというと男性には良い子孫を残したいという本能があるから。ですからすべてのパーツが生命力に溢《あふ》れ、滑らかな肌、つやつやした髪、白い歯など若々しく清潔でいることが大切です。男性は色がついていないコスメの厚塗りに気づきにくい。だからファンデーションは厚く塗ってOK。アイシャドウやリップなど色がつくものはナチュラルを目指そう。そしてリップはほどよくツヤを。50センチ離れた人にナチュラルに見えてくずれにくくて、笑顔が似合うメイクを目指そう。若くなくたっていいのよ。健康で清潔そうな雰囲気をとにかくつくり込む。本能ゆさぶり系ビジュアルを疑似的につくればそれでOK。ファッションはそれぞれ好みがあるので、これがいい！　とは言いづらいのですが、あえて言うならウエストとヒップの差がわかるファッションを。

クライアントの本能を理解する

さて、デート（営業活動）が始まるとまた別の悩みが出てくる。「彼は私のことどう思ってる？」「付き合う気はある？」そんな悩みです。久々に出会った素敵な人だもの、なんとしてもゲットしたいし一日中彼からの連絡を待ってスマホとにらめっこ。全身からダダ漏れる「スキ♡」の合図。どうか一度しまってください。彼らには狩猟本能があります。「近寄ってきた」と思ったら遠ざかり、「狩れる」と思ったら離れてしまう。そんな獲物にエキサイティングするのです。仕掛けた網にみすみす入ってくるような獲物を生涯大切にはしないのよ。私には息子がいるのですが、見ていると本当にレアなものが好き。ポケモンカード、フィギュア、シール…レアなものを探しては、欲しくて欲しくて勉強を頑張ったりお手伝いしてみたりする。これはもはや本能だなぁと思って見ています。つまり、このタイミングでは〝ないない戦略〟が役に立ちます。

・彼からの連絡を待たない

・まめに連絡しない
・日々あったことをいちいち全部話さない
・彼がどう思っているか気にしない
・彼のスケジュールに沿って自分のスケジュールを決めない

そう、仕事の基本「ほうれんそう」は恋愛では御法度です。片や、あなたのことに集中して、「今日○○さんは何をしてますか？　私は暇です」としょっちゅう連絡をくれる営業マン。片や、なんだかやたらと忙しそうで楽しそうで人気のありそうな営業マンで、ようやく会えたときに「あなたは特別だ」という態度を取ってくれる。どちらの営業マンから商品を買いたいですか？　自分らしくないことを「しない」ことであなたは〝自立している〟という魅力を手に入れます。そして、空いている時間は、レアなポケモンカードになるための努力の時間にしたらよいのです。

クライアントを分析する

暇な時間に「彼分析」をしてみよう。できる営業マンはクライアントに応じてサービスを変えます。１００億円の年収の人に年収１０００万円になる方法を話しても刺さらない。有名な芸能人に「有名になる方法を教えます！」って営業しても刺さらない。彼が本当に欲しいと思っている人生は何なのか、その人生をともにするにふさわしい女性はどんな人なのか、リサーチして考えることが必要です。分析するために以下のことを把握します。〝彼の持っているカード〟は何か（ビジュアル？ 年収？ 仕事？ 彼が自慢に思っているカードは何？）。〝彼の持ちたいと思っているカード〟は何か（もっと稼ぎたい？ イケてるファッションを知りたい？ 有名になりたい？）。彼が持っているカードと将来的に手に入れたいカードを知る。これが基本です。あなたがレアなポケモンカードになるために、どんな努力をしたらよいかをあぶり出します。例えば彼が今のビジネスをいつか海外で展開したいと思っていて、あなたが英語ペラペラだったら？ それはとても魅力的。そしてその海外ビジネスを成功させているお友達もいたりして。あら最高。あなたは立派なレアポケカ。

そのほか、彼のお母さんはどんな人なのか、そして彼はお母さんが好きなのかもリサーチ。お母さんがずっと仕事をしていて、彼がお母さんのことを大好きなら、嫁にもそれを求める可能性が高いでしょう。彼の周りにいる女性はどんな人なのかなども把握するとよいでしょう。周囲の女性とキャラかぶりは避けて。飽きている可能性ありです。そんなふうに努力の方向性をあぶり出すのです。よく「好きな彼に好きになってもらうために女磨き頑張ります！」ってすんごい美容を頑張ってる人いるけれど、磨くポイントをどうぞお間違えなく。

承認欲求を満たしまくれ

誰もがもっているもの、それが承認欲求。自分のすべてを認めてほしいという気持ちです。キャバクラで高級シャンパンが空きまくる理由はこれです。人気ナンバーワンで引っ張りだこの○○ちゃんが自分のために時間を割いて、仕事の武勇伝を聞いてくれて褒めてくれて、「いろんな経営者の人と出会うけれどあなたは特別」とか言ってくれる。気持ちが満たされまくって気づいたらシャンパンタワーとか卸している。そんな世界です。それが成り立つことがわかっているなら、相手の承認欲求を満たしまくって悪いことなんてひとつもない。この話のポイントは「入店2日目の女の子より、やっぱりナンバーワンに褒められたい」という事実です。彼が求めてるナンバーワンの女の子ってどんなキャラだっけ?? 考えてみましょう。

僕は君のヒーローになりたいだけ

「彼の理想の人にならなきゃいけないいし、話も聞いてあげなきゃいけないいし、こちらがやってあげることばかりですか?」そんなことをそろそろ思うタイミングだと思います。答えはNOです。なぜなら彼らはあなたのヒーローになるのがいちばんの夢だから。そう、あなたのために何かしてあげたくてたまらないのです。だけど何をしたらいいかわからなくて、いつもいつだって迷ってる。だからあなたが彼に「ありがとう」と言う回数が増えるようなキャッチボールを心がけてほしいのです。ポイントは簡単なお願いから始めること。いきなり「結婚してくれる?」は恐怖です(笑)。「帰りにアイスを買ってきてくれる?」、買ってきてくれたら「わぁ、食べたかったアイス! ありがとう」。食べながら「今日の仕事の疲れが吹っ飛んだよ。ありがとう」。寝る前に「あぁ今日はおいしいアイスも食べたし満たされた、ありがとう」と、言ってみる。そうすると、「仕事帰りにアイスを買うとヒーローになれる」と彼にはインプットされるわけです。そしてそのハードルを少しずつ上げていけばいい。結婚することは男性にとって、女性の人生の責任を取ることと思っています。一緒にいる時間に彼女のヒーローになり続けられれば、彼女の人生に責任を取ることに自信がつきます。とても面倒ですが、相手に思い通りの行動をしてもらう大切な方法。飼いたてのチワワにトイレを覚えてもらう気持ちで、頑張るのよ。

ワンツーワンツー(笑)。

自分勝手が愛される

そう、狩猟本能を満たすためには、いつも彼の思い通りにはならず、ご機嫌で自分の好きなことをしながら、彼の頑張りを認めてあげて、小さなお願いというわがままを少しずつクリアさせて喜びを全身で表しヒーローでいさせてあげる。

とてもシンプルな行動が幸せへの近道です。ドキドキするのは、〝彼が自分のもっていないＤＮＡをもっている合図〟。彼のことが心配になるのは〝彼のことを好きな証拠〟。でも、言葉と行動に出さなければなかったことになります。営業中は冷静な行動と言動を心がけてください。仕事ならできるでしょ？

シーソーゲームのど真ん中がベストポジション

彼をヒーローにしてあげるのがうまい系女子は、彼に依存しがち。ご自愛がうまくて自立してる系女子は、彼を思い通りに変えたいと思いがち。これがたくさんの恋愛Ｑ＆Ａをしてきた私の結論です。だから、言葉とは裏腹の行動を取るのがポイントです。「あなたってすごい！ 天才ね！」って褒めてあげながら、でも放っておいたらどこかに行ってしまいそうな雰囲気を持ってほしい。「私はあなたがいなくたって楽しめるのよ。ほかにもたくさんやりたいことあるから」と自立しながら彼のそばでニコニコしていてほしい。恋愛とはシーソーゲーム。いつだってど真ん中に立ってバランスを保って。

幸せってなんだっけ

ここまで、私なりの恋愛営業法について述べてきました。ところで、私たちはなぜ恋愛や結婚をしたいのでしょう? それはきっと幸せになりたいからですよね。高度成長期の日本において、国民が結婚し、子供をもち、家庭をもつことは国を成長させるのに非常に効率がよかったから、様々なテレビ、雑誌、広告で〝こうあるべき〟みたいな刷り込みがされてきたと思う。かつての私がそうでした。素敵な彼と恋愛して結婚して子供をもてば女として幸せになれる、と思っていました。今確信をもって言えるのは、「それは洗脳であって大きな間違いである」ということ。恋愛も結婚も子供も、幸せを連れてきてくれる魔法ではありません。その過程のひとつずつを、楽しみ努力し感謝して自ら培うことに意味がある。今目の前にあることに感謝して、人生という名のエンタメを思い切り楽しむことが、幸せの同義語だと思う。本項目は、思春期の娘がいつか手に取り読むことを思いながら書きました。読者の皆さんが、営業結果を残してくれることを心から願って。健闘を祈ります。そして忘れないで。幸せはいつも、あなたの胸の中に。

ふたりの子育てを通して考えた、
母たちへ、そして次世代へ伝えたいエール

「未来へつなぐ幸福」論

正直、私は親として大それたことを語れる器ではないけれど、
これだけは伝えたい。人生はうまくいかないこともたくさんあって
ときにはどん底に落ちることもあるけれど、いかようにも変えられる。
舵《かじ》を取るのはすべて自分なのだと——。

「母親が子供たちに教えられること」

今も、正解のない子育てに悩んでいます

母親とはつくづく傲慢な生き物だと思う。覚えているでしょうか、初めて我が子と出会った瞬間を。10か月の間まさに一心同体となり、ともに過ごし成長した我が子を胸に抱いた瞬間を。ただこの世に誕生してくれた奇跡に感謝の気持ちで胸がいっぱいになったはずです。「この子を授けてくれてありがとう。私の命を懸けてこの子を守ります」と神に誓ったことを思い出す。

時はたち、今日の朝、起きてきた息子に、部屋が汚いまま寝たことや、ランドセルにくちゃくちゃに入れてある漢字テストについて、いじいじと物申したばかりの私。「子育て論について書いてください」と言われたときから私の中で結論は出ていた。「子育て論に正解はなし」。だいたい、人生とは長期間に及ぶ暇つぶしであり、幸せかどうかは本人が決めること。しかもたいてい親が先に死ぬのだから、

子供たちが一生を通して幸せだったかどうかなんて、我々の知る由もないのです。

わかりやすく東大卒とかスコアで表現することができた、主張強め&語彙力多めの母親が賛辞されることがあります。「その息子、ほんとに幸せナンバーワン獲得できてる?」と、その辺の確認が曖昧そうなことが心底気になるのは、私が意地が悪いからでしょうか。とはいえ私も30代の頃は…いや今も。正解のない子育てに悩むことが多いです。私立に入れるのか、インターなのか、受験はするのか、習い事は何をするのか…選択を迫られる瞬間が多すぎる。子供を保育園に入れて仕事をしまくっていた時期は、きちんとしたネイビーの上下を着こなし、有名幼稚園の制服を着た子供の手を取る母親たちを見るたびに、なぜか心が痛んだもの。「もしかしたら私は子供の幸せへの距離を遠くしてしまったのかもしれない」。そんなふうに思って自分を責めたりもしました。エスカレーター式の有名幼稚園に合格した母親たちは、ランチにお寿司をほおばりながら、合格までの道のりの苦労とサクセスストーリーを披露する。いつからだろう。生まれてきてくれただけで尊かった我が子に、「あなたのため」というエクスキューズを盾に自分の理想を押しつけまくるようになったのは。

結局、子は親の背中を見て育つ

少し、私の生い立ちを話します。私は商人の家系に生まれ育ち、幼稚園から高校までエスカレーター式の学校に通いました。幼稚園から高校まで女子カトリック系私立、からの女子大なんていうと、「あら素敵」と言っていただくことも多いけれど、今の私の主なルーツは「商人家系」が断然色濃い。毎日夕飯を食べながら、お金の話か商売の話を永遠に聞かされ続けてきました、18年の間ずっと(笑)。だからとにかく商いについて体にしみ込んで、「見栄を張ると失敗する」とか「チャレンジしないと何も始まらない」とか「決算書が読めない奴《やつ》は商いするな」とか、そんなイズムが心底身についている。つまり「結局、子は親の背中を見て育つのかなぁ」と思うのです。

今は、時代が目まぐるしく変わる時期。我々の世代で稼げる人気職業がもしかしたらAIに代わってしまうかもしれないこの世の中で、子供たちに教えられることなんて本当に一握りだと思う。もしかしたら、強烈に洗脳を施したことが、足枷《あしかせ》になるリスクさえある。だとしたら、親である私たちが、人生をどうサバイバルするかを見せてあげることくらいしか、教えてあげられることはない。そういえば私だって、仕事をそうやって覚えてきました。トライ、エラー、そして失敗の理由を考えてまたトライする。そんなふうに、腹の底から湧き上がる力を子供にも与えてあげたいと思うのです。

そう考えると、やはり子育ては自分育て。親が人生をどう生き抜くか、子供に見てもらう。それを彼らがどう評価して何を思うかはわからないけれど、「親の生き様」をサンプルに自分の人生設計の参考にしてもらう。ならばなるべく良い影響を与えられるサンプルでありたい。「人生は楽しいものだ」という刷り込みをしてあげたい。

私たち、もっと人生を謳歌しよう。神様から預かっている大切な命たちに「幸せに生きることは簡単だ」と刷り込めたら、手を離したあともきっと怖くないから。生きることは軽やかで幸せであっていいと、背中で教えられる母でいたいと思うのです。

母さんも、
親の背中を見て
生きてきた

Column

アゲてこ！ オンナのキレイと人生♡

「#皮膚の変態 的リスクヘッジ美容List」

美容においてはいかなるリスクも避けたいところ。
そこで、そばにあると安心な名品リストからスキンケアを楽しむ秘訣《ひけつ》、
実はよく聞かれるインナーウェアリスト、
私のネットワークを駆使して集めた
秘密結社リストまでをこっそり公開します。

アゲてこ！
オンナのキレイと人生♡

Column ①

——— #皮膚の変態 が恋に落ちた

マイベスト名品

いつだってストックしておきたい、
精鋭のスキンケアコスメたちをピックアップ。
でも単にご紹介するだけではつまらないよね、ということで
私にとってどんな存在であるかをパートナーにたとえてみました。
スキンケアが好きすぎて妄想が止まりません♡

名品コスメを
彼氏役にして、物語を
書いてみました！

SK-II
フェイシャル
トリートメント
エッセンス
90％以上が天然由来成分のピテラ™でできた化粧水。ピテラ™には50種類以上の有用成分が含まれ、さまざまな肌悩みにアプローチ。
75mℓ ¥12,650、
160mℓ ¥23,100、
230mℓ ¥29,150

安心させてくれる存在

長く一緒にいるならメンタル安定剤みたいな人がいい。ドキドキも好きだけど落ち込んでる自分を想像すると疲れてきちゃう。あとはあらぶっている私を見せても大丈夫な人。特にスペシャルな言葉は要らなくて、一緒にいてただダラダラと話をしているだけで気持ちが落ち着く。外にいるときは虚勢を張ったりたくさん気を遣ってしまうから、せめて家にいるときはゆっくりしたいし、そんなとき、一緒にいるほうがさらにほっこりできる人。キラキラした世界を見ると憧れと自分の不足を指折り数えて辟易《へきえき》する。でも彼がそばにいるだけでなんだか安心できて「これが幸せっていうものかぁー」って思える。遠くの幻想的な世界は幻。足元にぎっしり並んだ幸せをちゃんと思い出させてくれて一緒に感じてくれる人、それが私にとってのフェイシャル トリートメント エッセンスです。ピテラ™って威張らないのに本当に万能。静かにそっと癒やしてくれて元気もくれて、でもそれは「君が頑張ったからだよ」的な雰囲気も醸し出す。キラキラしていない私もぎゅっと抱きしめてくれて、また外の世界に送り出してくれる。まさに精神とお肌の安定剤。

エスト

クラリファイイング ジェル ウォッシュ

軽く濡れた肌になじませる、泡立たないタイプの洗顔料。ぷるんとしたジェルが密着し、毛穴に詰まった角栓も分解してオフ。潤いを奪うことなく、つるんとなめらかな明るさに。

130g ¥4,950

いつの間にか、心まで清らかに

出会ったのはひょんなことがきっかけだったと思う。彼と別れたばかりで少しヒリヒリしていた私の気持ちには幾ばくかの傷が残り、心に小さな影を落としていた時期だった。彼と一緒にいるとなぜか心が洗われる。無理やり元気を押しつけられるような感じではなくて、ただ言葉にはできないような心のわだかまりが、スルリと流される感じ。もう決して取れないと思っていた私を汚す何かが一緒にいるだけで気づいたら消えていた。そして私を不安にさせない。いつも湿度を感じる距離感。何か特別なことをしてくれるのではなく、嫌なことを絶対しないのが本当の優しさだ。そんな話を聞いたことをふと思い出す。エストのクラリファイイング ジェル ウォッシュはそんな洗顔料。もっちりとしたジェルが肌に柔らかく伸び、凝り固まっていた汚れをしっかり落としてくれるのに洗い上がりはしっとり感も残る。そばにずっといるなら、優しくて心清らかにしてくれる彼がいい。

エスト

AC ピュリファイ
マッサージウォッシュ

マイクロ炭酸泡の洗顔料。もっちり濃密な泡がつぶれにくく、軽くマッサージしながら使うことで、顔周りまですっきりシャープな印象へ。むくみ対策にもおすすめ。

170g ¥4,950

私が私であるために

私が自分史上最高にかわいかったときに付き合っていた男の話をしよう。いつもやたらとアクティブで、私に新しいチャレンジをたくさんさせてくれた彼。ヒールばかり履いていた私に、「たまには気持ちいいよ?」と笑いながら、スカートにも合うシンプルな白のスニーカーをプレゼントしてくれた。サイクリングに行ったり、お散歩したり、たくさんのワクワクを与えてくれて、いつもよりずっと動く時間が長くなって私の顔色はパッと明るくなり、表情も冴《さ》え冴《ざ》えとしていた。一緒にいると生き生きと生命力が上がる感じ。AC ピュリファイ マッサージウォッシュはそんな洗顔料である。マイクロ炭酸泡は肌にのせるとあまりのきめ細かさで、まるでクリームのよう。肌の上を転がすようにマッサージをするとその気持ちよさに驚く。ただ幸せを噛みしめて洗い流せば、血流がよくなりすっきりとしたフェイスラインに出合えるのだ。そばにいるだけで生き生きとした自分でいられる。自分をもっと好きになれる。

ロート製薬

オバジ C25セラム ネオ

製薬会社ならではの高い技術を生かし、ピュアビタミンCを高濃度・高浸透・超安定での配合に成功。毛穴やくすみ、キメの乱れ、ハリ、乾燥小ジワに働きかける。

12㎖ ¥11,000

その前向きな姿勢に惚れた

押しつけるわけではなく、刺激をくれる人。私の人生にハリを与えてくれる人。ぼーっとしていたら現状維持みたいなタイプの私が、彼と一緒にいるとやる気がみなぎる。「君も頑張れよ」的な世界一余計なアドバイスをするわけではなくて、いつも真っすぐに自分のやりたいものに向かって走っている。それも全力笑顔で。そんな姿を見ると、「よっしゃ私もチャレンジしよう」って気が引き締まるし、少し上のキャリアに手を伸ばしてみたくなる。夢はひとつに絞らなくてもいい。欲張ってもいい。あれやこれやチャレンジしてその相乗効果さえも楽しむ。どこまでも前向きマインド。すべて内に向かうエネルギーだから人を疲れさせずむしろパワーを与えてくれる。それが私にとってのオバジC25セラムネオです。強さは刺激でなく効果で感じさせてくれる。そして美白も毛穴もケアできる万能な才能にひたすら惚《ほ》れて、「私ももっとやれるかも」と思わせてくれる。私のお肌のカンフル剤。

ラ・メール

クレーム ドゥ・ラ・メール

自己再生力をもつシーケルプ(海藻)などから生まれた独自の保湿成分、ミラクル ブロス™を配合。リッチなテクスチャーも特徴。

15mℓ ¥16,170、
30mℓ ¥30,800、
60mℓ ¥56,100

真のラグジュアリーとは

お金で買えないラグジュアリーって好き。知識、趣味、歴史、時間。not成金な奥深さ。人に見せびらかす目的ではない贅沢。そういうものをたくさん持ち合わせている男は素敵だ。せっかく食事をして過ごす同じ時間、最近買った高級車や腕時計の話ではなく、教養のある話を聞いていたい。同じ時を過ごせば過ごすほど、自分も聡明さと上品さを身につけられるような感覚。本当に贅沢。知らぬうちに身につく審美眼は何ものにも代えがたい私の魅力となっていく。それが私にとってのクレーム ドゥ・ラ・メールです。どやっとしないシンプルなパッケージとみなぎる自信。ミラクル ブロス™という唯一無二の成分。ブランド自身がミラクル ブロス™への信頼と無限大の可能性を心から信じてそれを楽しんでいる感じ。ラグジュアリーは見た目ではなく結果で残す。そんな想《おも》いを感じさせてくれる、お肌にとってのクワイエットラグジュアリー。

―――― 身につければ一生モノのパートナー

スキンケアステップ論

真面目なスキンケア論も大事だけれど、
私はそれを自分なりに嚙み砕いて、
いろんなたとえ話や脳内イメージに乗せて
ワクワクとした気持ちで使うのが趣味。
そんな心の内をそっと明かします（笑）。

スキンケアは
もう本当に
一生楽しい！

STEP.1

クレンジング・洗顔選びの基準は、良い夫のような存在かどうか

“落としもの”に関しては、スキンケアの中でもいちばんマルチプレイヤーであることを求めているかもしれません。きちんとメイクを落としてくれる、汚れを落としてくれる、洗い上がりの肌が好きかどうか、肌にのせてなじませるときの心地よさ、洗い流しのスピード、そのどれにもストレスを感じたくないのです。イメージで言うと、私生活はだらしないけれどすごくいい絵が描ける画家ではなくて、全方位において自分が心落ち着き、一生を添い遂げたいと思う良い夫のような存在がいい。しかしながら、あくまでも落としものなので、洗い上がりの肌に十分なスキンケア効果までは求めません。必要以上に夫に淡い期待を抱くべからず、それと同じです(笑)。

STEP.2

全身に使うくらい好き。化粧水は、肌にとっての飲み物です

洗い上がりの肌に化粧水を〝飲ませた〟状態の肌が、私にとっての素肌。10kmマラソンを走ったあとに水分補給が欠かせないくらい、化粧水は飲むように使いたいのです。そして顔だけでなく体にも化粧水をつけます。それには持論があって、体に化粧水を飲ませると、体の皮膚が顔の皮膚と勘違いしてくるのです（あくまでイメージです）。そうこうしているうちに、いつの間にか体にも顔の皮膚にしかない繊細さが生まれ、マシュマロみたいな肌感に。いい化粧水の条件はふたつあって、みずみずしくてつけたあとにつけたことを忘れさせるけど保湿力があるもの、肌が乾燥を覚えたときにもっちりと保湿してくれるもの。これらが〝皮膚の変態〟が愛するドリンクです。

STEP.3

美容液はホスト、クリームは亭主関白男。どちらもお肌を大切にしてくれる

まず、美容液とは甘やかな夢を抱かせてくれる唯一無二のアイテム。潤い補給とか水分油分バランスとか、そういった基本的なことは踏まえたうえで、この毛穴やシミ、シワ、たるみが少しでも良くなるんじゃないかと淡い期待をもちながら使えるもの。夢を叶えてくれるかもという意味では、スキンケアの真髄であり、お肌の点滴のようなアイテム。一方クリームは、何はともあれ守ってくれる存在。疲れているときは、もう飛ばしちゃっていいかなと思ったりもするけれど、塗らないで寝ると朝起きたらちゃんと肌がカサカサで、しっかり守ってくれていたことを実感する。と、こんなふうに脳内でいろんな物語を描きながら、日々スキンケアを楽しんでいます。

アゲてこ！
オンナのキレイと人生♡

Column ③

—— オンナの人生を支える

インナーウェアリスト

美容家のお仕事と並行してアパレル業も
やらせていただいているので、インナー(下着)が服に与える
影響の大きさは十分理解しているつもりです。
さらに大人になればなるほど、見た目と同じくらい
機能性も大事になってきます。そこも含めて、いい下着は
スキンケアと同じくらい自分の気持ちをアゲてくれるもの。

下着も
スキンケア同様
たくさん試しています

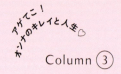

下着で意識すべきは、マイナスを避けること

よくインスタグラムでオフショルダーのお洋服を着ていると「下着は何をつけていますか？」と聞かれます。アパレルの撮影時は、スタイリストさんがさまざまな種類のインナーを用意します。着るお洋服が最大限キレイに見えるインナーを仕込むことで、映えるスタイリングが完成するのです。そこに手を抜かないのが大切なポイント。お洋服のシルエットやシチュエーションに合わせて下着を変えることで、「あらら…」というマイナスアピールを回避し、清潔感が仕込めるのです。というわけで、さまざまな下着を試した中で「これが良かった！」というマイベストをご紹介します。

2.

ユエ
3/4カップブラ、
ショーツ

「このシリーズはブラもショーツも柔らかく軽やかなつけ心地。抜け感のある大人の下着ですね。ブラは心地良いフィット感がいい感じ。ショーツも繊細なリバーレースがなめらかに素肌にフィットして、アウターにひびきにくい。それでいてシンプルすぎず、見た目もかわいくて気分がアガります。デイリー使いはもちろん、リラックスして過ごしたい休日にもぴったり」。ブラ ¥15,400〜、ショーツ ¥8,800㊫ワコール

1.

ユエ
1/2カップブラ

「これはあえて谷間を見せないバンドゥタイプなのがいいんです。透けトップスを着るときなど、胸の形をキープしつつも谷間がチラ見えしたくないときに。オフショルダーのトップスを着る際、ストラップを外して使うことも多いです。安定感のあるつけ心地も魅力。後ろにホックのないデザインでホックのあたりが気にならないので、薄手のトップスを着るときにも重宝しています」※ストラップが取り外し可能な3Wayタイプ。¥15,400〜㊫ワコール

下着選びで
オンナは変わる！

5.

楽天市場 シルクの部屋
シルクタップパンツ

「ショーツの上から着用するこちらは主に夏用です。冬はスカートをはいてもタイツがあるからいいのですが、夏にワンピースを着るときは素足なので、ショーツだけだとクーラーの寒さがお母さんにはこたえます（笑）。でもこれ１枚仕込んでおくだけでお腹とお尻の暖かさが全然違う。シルク100％なのでサラッとした肌当たりも心地いいし、冷えないという絶大な安心感。これをはきたくてAラインのワンピースやスカートを選びたくなるほど」。全3色 ¥3,080

4.

ESS by
ストラップレス
コンフォートブラ

「これはアメリカンスリーブのタンクトップを着る際、おっぱいをちょっと盛りたいときに。ストラップレスなのにほどよくパッドが入っていてちょうどいいんです。で、しっかりとフィットして本当にずり落ちない。おっぱいはいつだって上のほうよ、という心意気を感じます。産後の下がったおっぱいも、ハイハイ！って軽々と持ち上げて常時キープ。つるんとした素材でラインが響かないのも最高」※取り外し可能なストラップつき。全2色 ¥9,130

3.

ブラデリス ニューヨーク
ブラデリス チャレンジブラ
（ステップ1）

「おっぱいの位置をキュンと上向きにしたいときに。背中のお肉も大集合させてくれるので、私は体のラインを拾う洋服を着るときなどに愛用しています。おっぱいの位置と背中のラインひとつで、印象がだいぶフレッシュになるのを実感できるはず。補整力が高いので最初は違和感があるかもしれないですが、使ううちに慣れます（笑）。おっぱいが上がるだけで、気持ちまでシャキッとしてくるから不思議」。全4色 ¥7,480（オンラインストア限定）

―――― 美容アドレス最新版

秘密結社リスト

美容系インフルエンサーやいわゆる
美容のプロの皆さんと盛り上がるトークといえば、
「どこのサロンやトレーニング、
どこのクリニックがよいか？」という話。
というわけで、自分で体感したり、
信頼できる人からの口コミをもとにまとめた、
心からおすすめできるアドレスを保存版にしてみました。

このリストは
袋閉じにしたい
くらいです

HAIR SALON

Garland GINZA

柏倉智紀さん

㊟東京都中央区銀座3-8-10
銀座朝日ビル5F
☎03・6280・6035
㊢火～木11:00～20:00、
金11:00～21:00、土10:00～20:00、
日・祝10:00～19:00
㊡月

いい意味でとても押しの弱い美容師さんなので、東京の**美容院**ってなんか怖いという人にもおすすめ（笑）。カラーやカットの技術は言うまでもなく、髪のオタクでもあるので、たくさん相談に乗ってくれます。私はカラー剤に反応して頭皮がかゆくなりやすいのですが、いろいろ工夫してくださるおかげでそれもなし。何度も言うようですが、押しが弱い方なので美容院に行ってもまったく疲れない（終始無言のときも）。そのくらいリラックスしながらキレイになれます。

NAIL SALON

braceNail

森実まりさん

㊟東京都港区南青山5-9-21 3F
☎03・3499・5700
㊢10:00～19:00
㊡日、月

私はスキンケアのお仕事をさせていただくことが多く、そうすると手元もしっかり写るので、ネイルは指先を少しでも長く美しく見せることにこだわっています。清潔感もマストなので年間を通してベージュを塗っているのですが、季節やその人の手肌に合わせたベージュをたくさんのバリエーションから提案してくれるのがこちらの**ネイルサロン**。たかがベージュだけれど、されどベージュ。ベストな色出しへの感度が高いので、とても信頼しています。

BODY MAINTENANCE

ソリデンテ南青山

大事な撮影前やイベント前など、全体的にあと2cm細くしたいときに駆け込む**痩身エステ**。正直、まったく癒やされる系ではなく普通に痛いのですが、全身の詰まりや滞りを取ってくれるので本当にスッキリするし、体が薄くなります。でもこの痛みも通ううちにだんだん慣れてきて、今では脇のリンパ節もだいぶほぐれて柔らかく。ぽちゃっとしていたむくみ感も1回でシュッとします。

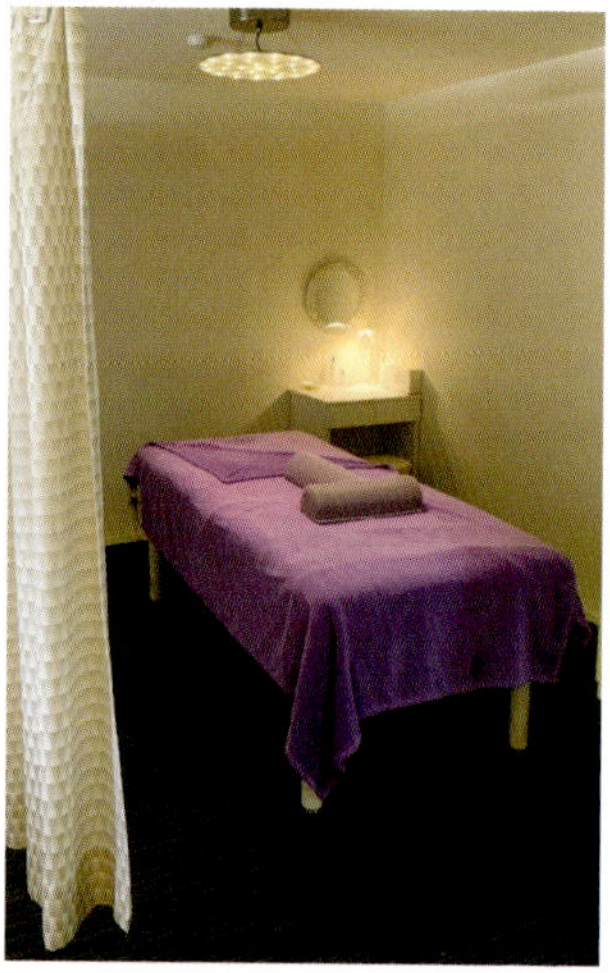

㊟東京都港区南青山6-12-4
骨董通りビル302号室
☎03・6712・6970
㊮9:00～21:00
㊡不定休

BODY MAINTENANCE

よつば健康管理センター

今村遼太さん

小西風瀬さん

辰巳竜一さん

㊟東京都港区赤坂2-9-5 松屋ビル3F
☎03・5544・8028
㊮平日10:00～20:30、
土10:00～18:00
㊡日、祝日

定期的に通っている**整体**がココ。1時間で体も顔も施術してくれるので無駄がなくて、ハードワークでお疲れの人が求めていることをすべて叶えてくれます。肩こり、腰痛、首の凝り、全身のゆがみ、顔の凝り、疲労感などが丸ごと改善されて体が軽～く。ちょっと痛いのですが、しっかり結果が出るので背に腹はかえられません。ってことで何度もリピート！

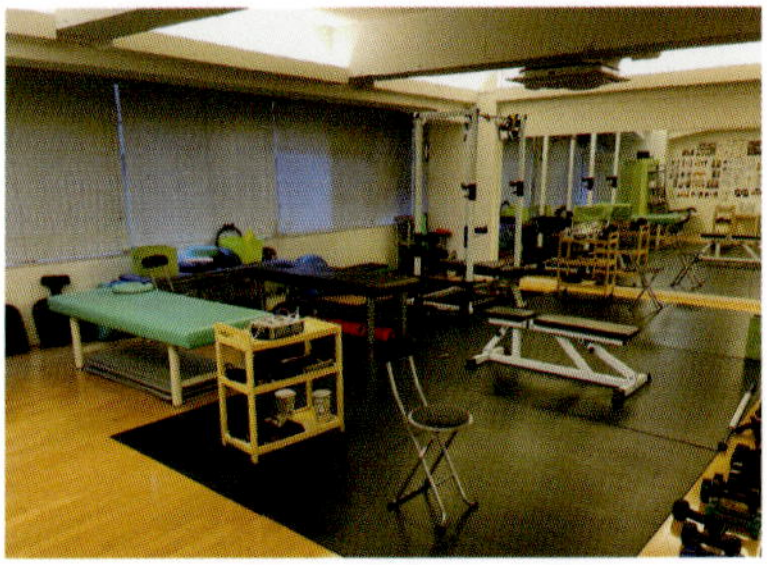

TRAINING

銀座TRUE

今井 宏さん

㊟東京都中央区銀座3-14-13
第一厚生館ビル2F
☎03・6226・2808
㊢平日10:00〜22:00、土10:00〜19:00、日10:00〜15:00
㊡年末年始

もう15年くらい通っている**パーソナルトレーニングスタジオ**。私が#皮膚の変態 だとしたら、今井さんは間違いなく#筋肉の変態で、知識量もすごい。ボディメンテナンスのプロたちが勉強のために通っているとの噂もあるほど。私はあまりハードなトレーニングはしていないのですが、日々快適なコンディションで生活したいという気持ちが強いので、そのためにメニューを組んでもらっています。

TRAINING

RE-SET Body&Mind

Miyakoさん

大人のだるんとしたボディをキュッと引き締まった体にしてくれる**ピラティススタジオ**。トレーニングだけではなく、ここに力を入れるといいですよとか、立ち方、歩き方、デスクワークなど日常での正しい体の使い方も教えてくれるので、ふとしたときに思い出します。そうすると姿勢もすごくよくなるので、結果スタイルアップにつながります。

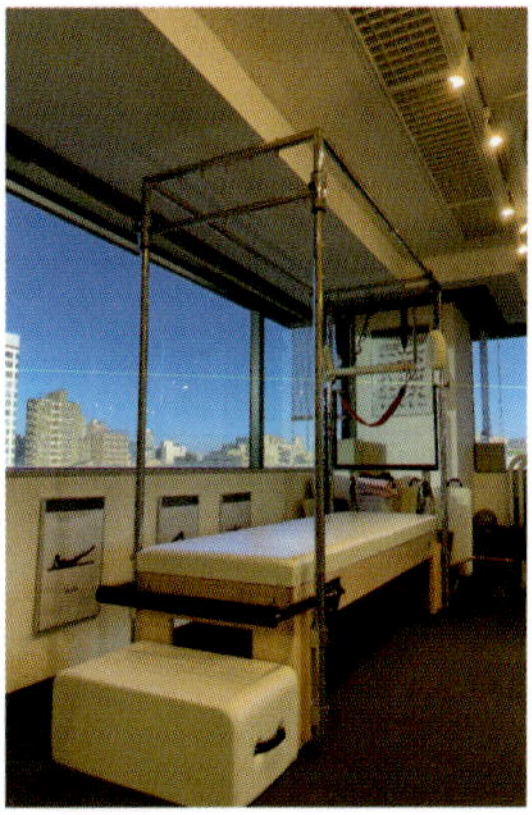

㊟東京都港区西麻布3-13-10
パークサイドセピア10F
@miyako385_pilates
㊢9:30〜21:00
㊡不定休

TRAINING

スタジオヨン

Chikaさん

㊟東京都中央区銀座4-10-6
銀料ビル4F
@pilates_studio_yeong
㊖8:00〜20:00
㊡不定休

ここは**韓国式のピラティス**で、ほぐしで凝りを取って、さらに筋肉もつけながらシルエットを正したいという人におすすめ。薄・華奢《きゃしゃ》・長い・真っすぐ立ってる、そんな体が目指せます。先生もとてもチャーミングで、そのおかげか（!?）少しきつめの動きも知らぬ間に頑張れていたりします（こういうの大事）。

TRAINING

YumiCoreBody 銀座スタジオ

Kanakoさん

㊟東京都中央区銀座4-9-6
陽光銀座三原橋ビル5F
https://yumicorebody.com/
㊖9:00~21:30
㊡不定休

ユミコアはスタジオでのレッスンがメインだと思うのですが、私は**パーソナルトレーニング**でお願いしています。いろんなトレーニングを受けていますが、ここはひとことで言うならばスパルタ（笑）。でも体がガラッと変わるし、自宅でできるトレーニングも教えてくれます。甘やかされるよりスパルタ式のほうが頑張れるタイプの人に◎。

CLINIC

目黒げんクリニック

市原佑紀先生

加藤真梨子先生

㊟東京都目黒区目黒1-6-17
Daiwa目黒スクエア8F
☎03・6420・3944
㊡平日9：00〜18：00
㊡土、日、祝日、年末年始

“もうひとつの家”のようにをコンセプトにしたクリニック。その人のメイクやファッションを見て、求めているものを割り出してくれるセンスが素晴らしいのです。**顔の造形も皮膚も、やりすぎ感のない仕上がりがお得意**。市原先生が形成、加藤先生が皮膚を見てくださるのですが、いろんな側面からベストなバランスへと導いてくれます。

CLINIC

JUN CLINIC 白金

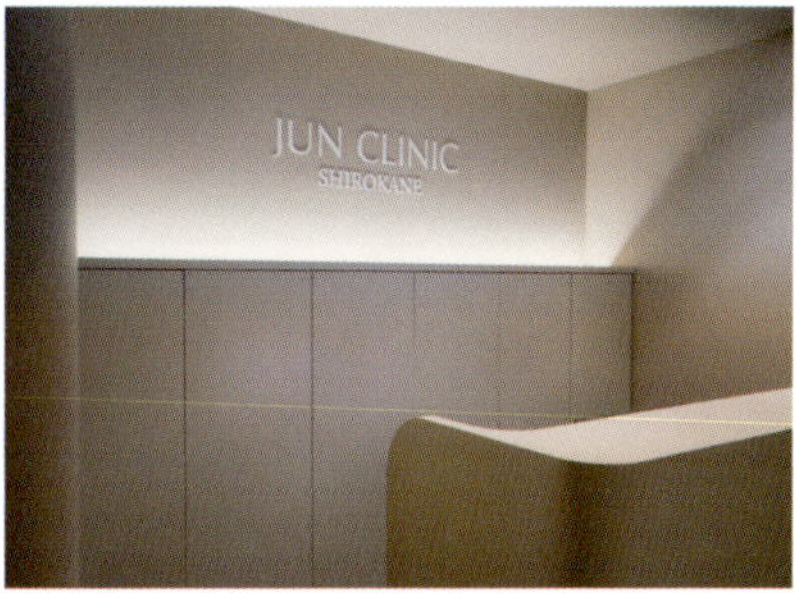

菅原 順先生

㊟東京都港区白金台3-16-13
白金台ウスイビル8F
☎03・6456・4997
㊡月〜土9:00〜17:45、
日9:30〜18:15
㊡不定休

菅原先生はたるみに向き合う形成治療もお得意で、同時に皮膚のお悩みにもしっかり寄り添ってくれるので心強い。レーザーの機械もたくさん種類があって充実しているので、その人の肌に合わせた**定額のカスタマイズレーザー治療**もおすすめです。人それぞれ当たり前に肌の状態は違うので、カスタマイズの選択肢は多ければ多いほどいいと思います。

CLINIC

青山ヒフ科クリニック

㊟東京都港区北青山3-12-9
花茂ビル3F
☎03・3499・1214
㊖10:00〜13:00、14:00〜18:30
㊡木、日、祝日

ハリ感アップや赤み、毛穴引き締めに効果が期待できるレーザー治療のダブルジェネシスや、より手軽なエレクトロポレーションなどでお世話になっていて、私にとって**癒やしのクリニック**。明日、肌の調子を良くしたいという人におすすめでニキビ治療でも有名です。ここのオリジナルスキンケアブランド、ドクターケイも大好きで愛用しているアイテムがたくさんあります。

CLINIC

ANGIE
アンジークリニック

名倉直彌先生

㊟東京都渋谷区渋谷1-23-16
cocoti 3F
☎03・6427・5600
㊖10:00〜19:00
㊡不定休

私のお友達のAKOちゃんがナースとして勤めていて、AKOちゃんは本当にナースの鑑《かがみ》みたいな人なので、初めて**美容クリニックに行くという人**にもよく紹介しているのがここ。名倉先生もとてもソフトな人柄なので、美容皮膚科に行きたいけれど、怖い場所だったらどうしようと不安に思っている人にも安心しておすすめできます。大人の肌悩みはもちろん、ニキビ治療も充実しています。

CLINIC

YOUR FACE TOKYO

山脇孝徳先生

㊟東京都港区東新橋1-8-2
カレッタ汐留47F
☎03･6280･6840
㊥10:00～19:00
㊡不定休
※大阪院が2025年3月オープン予定

鼻、ヒアルロン酸、眉下切開、目の下の裏ハムラ（クマ改善）などがお得意な**形成専門**の先生。センスとバランス感覚が大事な形成の分野において、その人がいちばんキレイに見える形へと導いてくれると私の周りでも有名です。術後のあとも天才的にキレイと評判。

CLINIC

TOKYO GINZA WELLNESS & AGING CLINIC

大谷崇裕先生

㊟東京都中央区銀座1-14-4
プレリー銀座ビル2F
☎03･6263･2034
㊥10:00～19:00
㊡日･祝日

今、月1で通っていて**NMN点滴、高濃度ビタミンC点滴**、幹細胞上清液治療、水素吸入などをしています。先生自ら点滴を試して、その後に血液検査をしてビフォーアフターを調べたりしているところも信頼しています。疑問に思ったことも腑《ふ》に落ちるわかりやすい説明をしてくださるので安心。私がずっと体調がいいのは、ここのおかげかもしれません。

CLINIC

CONTOUR CLINIC TOKYO

山本崇弘先生

㊟東京都中央区銀座7-13-12
サクセス銀座7ビル7F
https://contourclinictokyo.com/
㊠10:00～19:00
㊡不定休

私はここに超音波を当てに行っていますが、界《かい》隈《わい》では“骨切り山ちゃん”として有名なとても腕が立つ先生。骨を切るのが得意な先生だからこそ理解している、骨格や筋肉の構造というのがやっぱりあって、たるみ治療がお得意なのです。骨を切ると肌が余ってこけたりたるみやすくなるため、ここでは**たるみ治療の種類も豊富**に取り扱っているのだそう。

CLINIC

MET BEAUTY CLINIC

竹井賢二郎先生

㊟東京都港区南青山5-11-9
レキシントン青山2F
☎03・6419・7261
㊠10:00～19:00
㊡年末年始

取れないかもと思うような小さなシミ、自分的に気になる毛穴など、とても繊細に見てくれるのが竹井先生。きっとほかの先生に見せたら“そんなの気にならないよ”と言われるようなお悩みにも誠実に向き合ってくれます。知識量も半端ないので、自分では解読できない**複雑な肌悩みをもっている人におすすめ**。定額のカスタマイズ治療もあります。

CLINIC

ビスポーククリニック 東京院

室 孝明先生

㊟東京都目黒区青葉台1-2-5
レジーナ代官山2F
☎0120・394・412
㊡10:00～19:00
㊡年末年始　※福岡院もあり

注入や糸リフトから本格手術までひとつのクリニックで完結でき、デザイン性の高さや技術、的確なプランニングによって**その人に合った自然な形に仕上がる**と人気。室先生は日本美容外科学会（JSAS）で理事も務められていて、今後の美容業界を引っ張っていかれる方だと思います。

CLINIC

BIANCA銀座

岩間美幸先生

㊟東京都中央区銀座1-8-19
キラリトギンザ12F
☎050・3196・4834
㊡10:00～19:00
㊡不定休

私の皮膚を全面的にお任せしているところ。岩間先生はどちらかというと慎重派なので、美容の仕事をしている身としては冒険しすぎないところがありがたい。“もしこれをして赤みが出たら怖いから、年末にやりましょうか”といった感じで丁寧に向き合ってくれます。とても安心感があるので友人もたくさん紹介しています。

CLINIC

湘南美容クリニック 新宿本院

金《キム》 児美《アミ》先生

㊟東京都新宿区西新宿6-5-1
新宿アイランドタワー24F
☎0120・5489・40
㊡10:00～19:00
㊡元日

キム先生は**二重《ふたえ》をつくるのがめちゃくちゃうまい**。まさに餅は餅屋で、その道の症例が多い先生が結果的に技術も高いと思うので、二重を埋没法で縫って縫って縫いまくっているキム先生は二重のプロフェッショナル。そして二重といってもいろいろな二重があるけれど、キム先生はその人の顔に合った二重にしてくれます。同じ美容外科の先生でもそれぞれに得意分野があるので、そういったことをきちんとリサーチすることも大切。

CLINIC

Clinic K

金《キム》 児盛《アソン》先生

㊟東京都中央区銀座1-13-1
ヒューリック銀座一丁目ビル2F
☎0120・219・910
㊡10:00～19:00
㊡不定休

韓国の美容医療の最先端を取り入れるのが上手なのがここ。今はメジャーとなった水光注射をいち早く導入して流行《はや》らせたのもキム先生なのでは、と私は思っています。そして果敢に攻めて結果を出してくれる。麻酔のコントロールも絶妙なので、**痛みが苦手だけれど、せっかくやるなら攻めたい人に**。

CLINIC

KO CLINIC & Lab

黄《コウ》 聖《セイ》琥《コ》先生

㊟神奈川県横浜市中区尾上町4-54
Kannai exビル8F
☎045・651・1117
㊡9:00〜18:00
㊡不定休

コースではなく、肌状態に合わせて毎回治療方法を変える**お肌とたるみのカスタマイズ治療**が特徴。自分の皮膚をプロに見極めてもらって、最適なレーザー治療をしていただけるのが尊い。シミや毛穴、たるみ治療など症例数も多く、複数のレーザーをベストな塩梅で組み合わせてくれます。そして美容医療は決して安いものではないので、お会計が定額で明瞭なところも含めて満足度がめちゃくちゃ高いのです。

CLINIC

自由が丘クリニック

松浦佳奈先生

㊟東京都目黒区八雲3-12-10
パークヴィラ2F〜5F
☎0800・808・8200、
03・5701・2500
㊡10:00〜18:00
㊡なし

松浦先生はご本人もすごくおしゃれで、女性がどう見られたいかというのをすごくよくわかってくれています。また自由が丘クリニックはレーザーの機械もたくさんあるので、**シミや毛穴**に悩むお友達もよく紹介しています。

CLINIC

赤坂ステラクリニック

柳下 悠先生

㊓東京都港区赤坂3-4-3
APA赤坂ゲイトウェイビル5F
☎03・3585・3741
㊢月10:00〜17:30、第1・3・5
火10:00〜19:00、第2・4火および
水・金・土10:00〜18:00
㊡木、日

柳下先生はスキンケアにもめちゃくちゃ詳しくて、**美容医療とホームケア**をうまく組み合わせて最上級の美肌へとサポートしてくれます。ただ理論だけで“これとこれをやればOK”ではなく、その人のライフスタイルにも寄り添ってくれるので、ストレスなく最短ルートで自分らしい美しさが手に入るはず。

CLINIC

ヤナガワ クリニック

やながわ厚子先生

㊓大阪府大阪市中央区南船場
3-5-28　富士ビル南船場3F・6F
☎06・6809・3368
㊢月・火・木・金10:00〜18:00、
水・土10:00〜17:00
㊡日、祝日

私が“西のドン”と勝手に呼んでいるクリニックで、大阪でどこかいいクリニックを教えてと聞かれたらここをプッシュしています。**美肌治療**がお得意で、やながわ先生はとてもお勉強もされていて患者思いの先生。関西在住のインフルエンサーもたくさん通っていると聞きます。

CLINIC

南青山スキンケアクリニック

久保春香先生

㊟東京都港区南青山5-14-7
アヴァン南青山B1F
☎03・5464・1656
㊡10:00～14:00、
15:00～19:00
㊡不定休

美容のお仕事を始める前から通っていたクリニックで、脱毛だったり、表参道でちょっと時間ができたときに**エレクトロポレーション（イオン導入）や脇ボトックス**をしに行ったり。ナースの方もいい意味でクールで、パパッと的確にこなしてくれるのです。

CLINIC

池袋駅前のだ皮膚科

㊟東京都豊島区東池袋1-2-2
東池ビル3F
☎03・5950・4112
㊡平日11:00-13:30、
15:00-19:30、
土・日9:00-12:30、
14:00-17:30
㊡祝日

ここは保険診療もできる**皮膚科と美容皮膚科**が一緒になっているところ。赤ら顔（酒《しゅ》さ）、毛穴、ニキビやニキビ跡などの肌トラブルを抱える人に人気。特に赤ら顔に悩む人はここでVビームを当てると改善しやすいと評判です。同じレーザーでも強さや当て方によって結果が変わってきたりするので、いろいろ行って最終的にここにたどり着く人も多いと聞きます。

CLINIC

麻布ビューティークリニック

加藤聖子先生

㊟東京都港区六本木7-8-6
AXALL ROPPONGI 6F
☎03・6400・5511
㊟10:00〜18:00
㊡日・祝日

ボトックスやヒアルロン酸などの注入やレーザー治療に特化したクリニック。下眼瞼《かがんけん》のヒアルロン酸注入にも力を入れられていて世界的にも活躍されているのが、加藤先生。学会での講演数も多くて、先生の発表は立ち見が出るほどだそう。**トップレベルの注入技術**なのでパンパンな顔になりません。

CLINIC

加藤クリニック麻布東京院

浅井智之先生

㊟東京都渋谷区広尾1-3-1
ハギワラビル1・8F
0120・112・096
㊟10:00〜19:00
㊡日

形成の先生だけれど、同時に行うタイトニングのレーザーもめちゃうまいと評判。**脂肪吸引しながら皮膚を引き締める**レーザーがお得意で、脂肪吸引するとたるみがちな大人の顔もキュッと。インスタグラムやホームページで症例を見ては、夢があるなぁ、いつか行きたいなぁと思っています。

CLINIC

メディアージュ クリニック青山院

㊟東京都渋谷区神宮前5-51-8
ラ・ポルト青山7F
☎0120・017・768
㊟11:00〜20:00
㊡なし

ここは**美容点滴**を受けに行っています。次の日大事な予定があるときなど、高濃度グルタチオンを含んだ白玉点滴を受けると、次の日の透明感がすごくて。直前のケアをやみくもにあれこれ頑張るよりも、ここで1時間点滴をする方が結果コスパがいいかなと思います。

おわりに

美容の仕事をしていると、美容が好きだからこそ、
自分の容姿に真摯に向き合いすぎて
コンプレックスに苦しむ方に出会います。
また美容を頑張れていないことを
なんだか恥ずかしそうにされる姿を見ることがあります。
だけど、美容はたかが美容。
人生にあってもなくてもよいものです。
私が美容家として皆さまに伝えたいことは
「美容は人生を楽しむための、ただのツール」であるということ。
この本を通して伝えたかったことでもあります。

私たちは「自分の人生に幸せを描くプロデューサー」です。
自分にとって大切なものを見失わず、
ひとりでも多く人生を謳歌する仲間が増えますように。

大野真理子

大野 真理子

（オオノ マリコ）

神奈川県出身の実業家・美容家。アパレルブランド「tocco closet」「&.NOSTALGIA」を運営する「株式会社PETTERS」、健康食品会社「株式会社サウルス」を経営。美容機器会社「株式会社gaudy village」の取締役を務める。美容家として、雑誌『美的』など多数のメディアでも活動。『美的.com』にて、美容と人生の啓発コラム「美人はリスク」を連載中。#皮膚の変態 をキャッチコピーに、InstagramなどSNSでは美容を中心に、恋愛術なども発信。

Instagram : @skinholictokyo

YouTube : 大野真理子のご一緒よろしいですか

【美容家｜皮膚の変態】

※本書は「美的.com」の連載「美人はリスク」を中心に、一部書き下ろしを加えて構成しています。

※商品、店舗、クリニック等の情報は2025年1月現在のものです。

A MER
IZING FRESH CREAM
ANTE RÉGÉNÉRATION INTENSE

COSTUME CREDIT

ブラウス¥74,800(カオス丸の内〈カオス〉)
ピアス¥385,000、リング¥35,200(マリハ)

ベスト¥19,800(カデュネ プレスルーム〈カデュネ〉) スカート¥33,000(ビリティス〈ビリティス・ディセッタン〉) ピアス¥132,000(マリハ)

ワンピース¥209,000(デパリエ 伊勢丹新宿店〈デパリエ〉) ピアス¥594,000、リング[人差し指]¥559,900・[中指上]¥374,000、[中指下]¥363,000(マリハ)

ジャケット¥37,950、ビスチェ¥16,940、スカート¥26,950(アンクレイヴ〈アンクレイヴ ホワイト〉) ピアス¥105,600、ネックレス¥126,500、リング¥737,000(マリハ)

ドレス(レンタル)¥286,000(MAISON DE BLANCHE〈Sophie et Voila〉) ピアス/本人私物

ドレス(レンタル)¥330,000(MAISON DE BLANCHE〈Sophie et Voila〉) ピアス、リング/本人私物

協力社リスト(衣装)

アンクレイヴ	03-5476-5811
カオス丸の内	03-6259-1394
カデュネ プレスルーム	03-6863-0100
デパリエ 伊勢丹新宿店	03-3351-0005
ビリティス	03-3403-0320
マリハ	03-6459-2572
MAISON DE BLANCHE	048-961-4122

協力社リスト(化粧品・下着)

ESS by	info@ess-by.com
エスト	0120-165-691
SK-II	0120-021-325
ブラデリスニューヨーク	0800-100-5629
楽天市場 シルクの部屋	075-463-4639
ラ・メールお客様相談室	0570-003-770
ロート製薬コミュニケーションコール(オバジ)	0120-234-610
ワコールお客様センター	0120-307-056

#皮膚の変態
「美容家・大野真理子」と考える、
キレイと人生

美人はリスク

2025年2月26日　初版第1刷発行

著者	大野真理子
発行人	石月賢一
発行所	株式会社小学館 〒101-8001　東京都千代田区一ツ橋2-3-1 編集 03-3230-5519　販売 03-5281-3555
印刷所	TOPPAN株式会社
制本所	株式会社若林製本工場
制作	浦城朋子
販売	楫野晋司
資材	遠山礼子
宣伝	鈴木里彩
校正	小学館出版クォリティセンター、小学館クリエイティブ

撮影	三瓶康友（人物）、李 有珍（aosora／静物）
ヘア&メイク	NADEA
スタイリスト	佐藤佳菜子
装丁・デザイン	渡邊弥緒
編集協力	鈴木 晶
編集	安井千恵、佐藤恵理

©Mariko Ohno 2025 Printed in Japan
ISBN978-4-09-389194-3

造本には十分注意しておりますが、印刷、製本など製造上の不備がございましたら
「制作局コールセンター」（フリーダイヤル0120-336-340）にご連絡ください。
（電話受付は、土・日・祝休日を除く9:30～17:30）

本書の無断での複写（コピー）、上演、放送等の二次利用、翻案等は、
著作権法上の例外を除き禁じられています。
本書の電子データ化などの無断複製は、著作権法上の例外を除き禁じられています。
代行業者等の第三者による本書の電子的複製も認められておりません。